Oskar Jäger

Didaktik und Methodik des Geschichtsunterrichts

Europäischer Geschichtsverlag

Oskar Jäger

Didaktik und Methodik des Geschichtsunterrichts

1. Auflage | ISBN: 978-3-73400-744-6

Erscheinungsort: Paderborn, Deutschland

Erscheinungsjahr: 2015

Europäischer Geschichtsverlag ist ein Imprint der Salzwasser Verlag GmbH, Paderborn.

Nachdruck des Originals von 1905.

Oskar Jäger

Didaktik und Methodik des Geschichtsunterrichts

Europäischer Geschichtsverlag

Didaktik und Methodik

des

Geschichtsunterrichts

von

Dr. Oskar Jäger
Gymnasialdirektor a. D., ord. Honorarprofessor der Universität Bonn

Zweite Auflage

*(Sonderausgabe aus Dr. A. Baumeister's „Handbuch der Erziehungs-
und Unterrichtslehre für höhere Schulen")*

München 1905
H. C. Beck'sche Verlagsbuchhandlung
Oskar Beck

Alle Rechte vorbehalten.

C. H. Beck'sche Buchdruckerei in Nördlingen.

Vorbemerkung zur zweiten Auflage.

Diese zweite Auflage hat, wie natürlich, die Veränderungen berücksichtigen müssen, die seit 1895 auf diesem Unterrichtsgebiet, namentlich durch den neuen preußischen Lehrplan von 1901 hervorgetreten sind. Die Anordnung und die leitenden Ideen im Ganzen sind geblieben. Mein Zweck war und ist, in möglichst praktischer und möglichst einfacher Weise Wesen und Bedeutung geschichtlicher Bildung, soweit sie für die Gymnasialstufe erreichbar ist, darzulegen und dazu aus langjähriger und, ich darf sagen, vielseitiger Praxis einige wie ich hoffen darf fruchtbare Winke zu geben.

Bonn, Mai 1904.

O. Jäger.

Inhalt:

Einleitendes S. 1. Verhältnis des Gymnasiums und der Realanstalten zum Geschichtsunterricht S. 2. Wesen des Gymnasiums. Was ist Geschichte S. 3. Goethes Wort von der Begeisterung. Objektivität der Geschichtsdarstellung, wie weit reicht sie? S. 4. Der Geschichtslehrer und die Literatur S. 5, 6. Mit welcher Klasse soll der Geschichtsunterricht beginnen? S. 6.

I. Vorstufe (Sexta und Quinta).
Geschichtsunterricht und Bildung des Geschichtssinns S. 7, 8. Quellen des letzteren neben dem Geschichtsunterricht: Lateinisch S. 8. Deutsch: geschichtlicher Stoff im Lesebuch ist kein Geschichtsunterricht S. 9—11. Religionsunterricht zugleich erster Unterricht in der Geschichte, Bedeutung der „Biblischen Geschichte" S. 12—14. Geographie S. 14. Unterschied der Realschule: Fehlen der historischen Sprache, des Lateinischen S. 14.

II. Mittelstufe (von Quarta bis Untersekunda).
Geschichtsunterricht im eigentlichen Sinn erst in Quarta möglich — warum? Vorfragen S. 15. Verkehrtheiten: der Vorschlag, Geschichte von vorne nach hinten durchzumachen S. 16. Beginn mit Geschichte des Altertums — Griechen und Römer — warum S. 17.
Quarta: Aufgabe S. 17. Charakter dieser Klassenstufe S. 17. Verhältnis der übrigen Fächer, Latein, Französisch, Religion, Deutsch, Geographie, zum Geschichtsunterricht S. 17 bis 19. Pensum der Quarta: Zweck S. 19, 20. Mittel: Lehrbuch, Erfordernisse und Abirrungen S. 20, 21. Lehrer: Vortrag S. 21, 22. Verhältnis von Vortrag und Lehrbuch S. 22, 23. Ethische Wirkung, Übertreibungen, keine Geschichtspredigten S. 23, 24. Hausaufgaben, sehr sparsam und mäßige S. 24. Repetition, doppelte: Repetition größerer Abschnitte ein erstes Operieren mit gelerntem geschichtlichem Stoff: Leitmotive für solche Repetitionen S. 24—26. Erledigung des Klassenpensums S. 26, 27.
Tertia: Gang nach dem preußischen Lehrplan S. 27. Charakter der Klassenstufe, ihre Autoritätsbedürftigkeit: die Autorität des Vaterländisch-Nationalen S. 27, 28. Blick auf frühere Lehrpläne S. 28, 29. Elemente historischer Bildung in den übrigen Fächern: Griechisch und Latein, Cäsar und Xenophon S. 29—32. Französisch und Englisch (Realanstalten) S. 32, 33. Deutsch S. 33, 34. Religionsunterricht S. 34, 35. Geschichtsunterricht und Geographie S. 35. Kritik der preußischen Anordnung des letzteren Unterrichts S. 35, 36. Gang des Geschichtsunterrichts: Untertertia S. 36, 37. Lehrbuch: Unterschied seiner Benützung gegenüber der Quarta S. 37, 38. Lehrvortrag: keine forcierte Begeisterung S. 38. Wie man einer Nation die Wahrheit sagen kann S. 39. Behandlung des Mittelalters: Schwierigkeiten S. 39—41. Das kirchen- und dogmengeschichtliche Moment S. 41, 42. Pensum der Obertertia: Die konfessionelle Schwierigkeit seit 1517 zum Teil kenntlich gemacht und übertrieben S. 42. Einige Hausmittel dagegen S. 43, 44. Repetition: Für die einzelne Stunde, Gesamtrepetitionen S. 44. Gymnasium und Realschule S. 44, 45.
Untersekunda: Charakter der Klasse „Abschlußklasse" S. 45, 46. Zuflüsse des Geschichtsunterrichts aus anderen Fächern: Griechisch, Lateinisch, Französisch, Deutsch S. 46 bis 48. Geschichte und Geographie — Bedeutung und Behandlung der letzteren S. 48, 49. Verhältnis von utilitarisch und wissenschaftlich S. 50. Geschichtspensum der Untersekunda: Schwierigkeit S. 50, 51. Gang des Unterrichts: Gesamteinteilung. Einleitend: branden-

burgisch-preußische Geschichte; Prinzip der Schilderung, wirtschaftliche Belehrungen, Ausführlichkeit und Beschränkung, Schlußpunkt S. 51, 52. Lehrton, „freier Vortrag" S. 53. Repetition S. 53, 54. Nachschreiben S. 54. Übung im Freivortragen S. 55. Gesamtrepetitionen S. 55, 56. Häusliche Lektüre und andere Förderungsmittel S. 56, 57.

    III. **Obere Stufe** (Obersekunda, Unterprima, Oberprima).

    Beginn der zweiten Wanderung durch das geschichtliche Gebiet S. 57, 58. — Obersekunda: die Zuflüsse: Religion, Deutsch, Französisch, Lateinisch und Griechisch, Geographie S. 58—62. Geschichtsunterricht: Pensum in Preußen, Behandlung der alten Geschichte bei geschmälerter Zeit S. 62, 63. Bilder im Unterricht S. 63, 64. Häusliche Lektüre S. 64, 65. Vortrag: noch einmal der freie Vortrag S. 65—67. Repetition S. 67. Blick auf die „kleinen Ausarbeitungen" des preußischen Lehrplans S. 67, 68. — Prima: Pensum S. 68. Wirkung der verschiedenen Unterrichtsfächer auf die Bildung der Schüler — auf das historische Moment dieser Bildung: das Deutsche, der Religionsunterricht, die Sprachen. Sogenannte Quellenbücher, die lateinische und griechische Lektüre historische Quellenlektüre in eminentem Sinn S. 68—75. Französisch und Englisch unter diesem Gesichtspunkte, ihre verschiedene Bedeutung in Gymnasien und Realschulen S. 75. 76. Geographie, angewandte S. 76, 77. Verteilung des Pensums: ein Blick auf die wirtschaftlichen Belehrungen S. 77, 78. „Bis zur Gegenwart" S. 78, 79. Lehrbuch S. 79. Vortrag S. 80. Mittelalterliche Geschichte S. 80—83. Schwierigkeit: Art des Stoffes S. 83, 84. Die konfessionelle Schwierigkeit; Prozeß Hus, Reformationsgeschichte, — 1648 S. 84—86. Neuere Geschichte: Gesamteuropäischer und deutscher Gesichtspunkt S. 86. Anordnung, Verteilung des Stoffs in Unter- und Oberprima S. 86, 87. Erste Periode 1517—1648 S. 87. Zweite: Ihre drei Abschnitte S. 87—91. Dritte: seit 1789 S. 91, 92. Behandlung: der letzte Abschnitt 1863—1871 S. 92, 93. — Motive für die Repetitionen S. 93, 94. Charakter des Unterrichts auf dieser Stufe S. 94, 95. Schlußergebnis S. 96.

    Anhang.

    Vortrag in Quarta: Nach der Schlacht bei Cannä S. 97—100. Untertertia: der Gang nach Canossa S. 100—104. Obertertia: Repetitionen S. 104, 105. Untersekunda: Zustand des Deutschen Reichs im 18. Jahrhundert (vor 1789) S. 106—110. Prima: 86 Fragen als Repetitionsmotive oder als Ausgangspunkte für mündliche Abiturientenprüfung S. 110—114.

Die folgenden Blätter erheben nicht den Anspruch, auf eine Reform oder Neugestaltung des Geschichtsunterrichts an unseren deutschen Gymnasien und den diesen verwandten oder zur Seite gehenden Lehranstalten hinzuarbeiten, noch auch wollen sie in irgend welchen psychologischen oder pädagogischen Tiefen die Theorie der Lehrkunst in jenem Fache aufsuchen, oder feststellen, als wäre das ein noch Unbekanntes, welches denn eigentlich die Aufgabe und das letzte Ziel des Geschichtsunterrichts sei. Einer organischen Reform oder gar Neugestaltung, also einer radikalen Maßregel bedarf der Geschichtsunterricht an jenen Anstalten, soviel wir sehen, nicht, so wenig sie unser preußisches und deutsches Mittelschulwesen überhaupt bedurft hätte: er bedarf nur einer einsichtigen Verwaltung und zu diesem Zwecke stete Erwägung und fortschreitendes Lernen von seiten derer, die ihn verwalten — man könnte einfacher sagen, er bedarf guter Lehrer, die man daran erkennt, daß sie in aller Stille immer besser werden, nicht aber daran, daß sie über die Reform des ihnen vertrauten Unterrichts viel schreiben oder auch lesen. Der Verfasser hat über das hier zu behandelnde Fach, den Geschichtsunterricht, in den 50 Jahren Praxis, auf die er zurückblickt und die ihm den Gegenstand unter den verschiedensten Gesichtspunkten nahe gebracht haben, sehr viel gelesen und sehr viel reden hören, auch selbst über den Gegenstand einiges geschrieben und geredet, wird aber davon wenig oder nichts zitieren,[1]) sondern will nur darlegen, was er in jenen 50 Jahren lehrend, docendo discens, forschend, irrend selbst gelernt hat. Er wird also die Aufgabe sehr viel konkreter fassen, als die meisten Besprechungen des Gegenstands tun: auf welche Punkte hat der Lehrer, dem der Geschichtsunterricht auf irgend einer Stufe unserer deutschen 9- resp. 6- oder 7klassigen Unterrichtsanstalten unseres 20. Jahrhunderts anvertraut ist, sein Augenmerk su richten?

Dies ist, wie wir sehen werden, sehr viel und sehr wenig.

Jene Anstalten scheiden sich in Gymnasien und Realschulen, in Schulen mit Latein und ohne Latein in der populären Redeweise: und das

---

[1]) Die Literatur findet man in wünschenswerter Vollständigkeit bei Schiller, Handbuch der praktischen Pädagogik, 2. A. S. 535 ff., jetzt auch, wie hervorgehoben werden mag, in der Méthodologie de l'Enseignement Moyen eines belgischen Gelehrten, Professor Collard an der Universität zu Löwen (Bruxelles, Maison d'Edition Alfred Castaigne, 1903), von S. 382 (L'Histoire) an. Wir empfehlen den ganzen Abschnitt; Kritik des Auslands ist immer dankenswert.

ist von vornherein klar, daß da, wo von Geschichte und Geschichtsunterricht die Rede ist, die ersteren, die Gymnasien, zunächst ins Auge zu fassen sind, weil die Bildung, die sie vermitteln, wesentlich historische Bildung ist, auf einer intensiven Beschäftigung mit einer Vergangenheit, der griechisch-römischen, beruht. Nur auf diesem Boden läßt sich ermitteln, was Geschichte und geschichtlicher Unterricht für 9—18jährige Knaben bedeuten kann, läßt sich jenes Idealbild aufrichten, das jede wissenschaftliche oder überhaupt geistige Tätigkeit als Richtpunkt aufstellen muß, und erst wenn dies gefunden ist, kann man davon sprechen, wie sich die Zwecke und damit die Mittel, die Mittel und damit auch die Ziele dieses Unterrichts für diejenigen Schulen gestalten werden, an denen die Kenntnis der Gegenwart, lebender Sprachen, lebender Naturwissenschaft, die Technik des Lebendigen das erste Wort spricht.

Wir befolgen diese Ordnung nicht etwa, weil wir die Gymnasien für die vornehmeren Schulen hielten. Die Anstalten sind ja jetzt in Preußen feierlich als „gleichwertig" anerkannt und sie sind es, jede nach ihrer Art und an ihrem Ort auch schon vorher gewesen, wir erkennen einen Rangunterschied zwischen den verschiedenen Schulkategorien überhaupt nicht an und brauchen deshalb auch nicht auszuführen, daß es für die Nation ganz ebenso wichtig ist, daß der Geschichtsunterricht an den lateinlosen Schulen richtig verwaltet wird, — von den Mädchenschulen reden wir nicht, weil dies eine besondere Untersuchung verlangte und wir hierfür für jetzt nicht gerüstet sind, wollen aber nicht unausgesprochen lassen, daß wir dieses Kapitel für überaus wichtig halten. Die Realgymnasien rechnen wir im allgemeinen zu den Gymnasien, ohne besondere Rücksicht auf ihre Verschiedenheit vom humanistischen Gymnasium zu nehmen, da hier der Geschichtslehrer sehr leicht die überaus mäßigen Modifikationen finden wird, welche die Verschiedenheit der beiden Organisationen erheischt: ganz abgesehen davon, daß man über diese Anstalten, die preußischen Realgymnasien meine ich, augenblicklich kaum mit dem Gefühl der Sicherheit sprechen kann, weil sie noch immer und bis in die letzte Zeit Schwankungen in ihrem Lehrplan und namentlich in den Fächern, die hier in Betracht kommen, dem Lateinischen z. B. ausgesetzt waren.

Versucht man, das Eigentümliche, Spezifische der Gymnasialbildung mit kurzen Worten auszusprechen, so ist eins klar — diese Anstalten haben ihren Charakter dadurch erhalten, daß sie auf die Universität vorbereiten. Sie erziehen also für die Wissenschaft im eigentlichen und höchsten Sinn, und Wissenschaft heißt Erforschung des Wahren, Wirklichen, Sicheren auf dem je betreffenden Gebiet. Vorbereitung auf die Wissenschaft ist selbst schon Wissenschaft, wissenschaftliche Tätigkeit, Suchen nach Wahrheit: und das was die Griechen $\varphi\iota\lambda o\sigma o\varphi\varepsilon\tilde{\iota}\nu$ nannten, ist das Gemeinsame der Sexta wie der Prima. Wir würden demnach das Eigentümliche der Gymnasialbildung dahin bestimmen können: sie ist Erziehung durch Wissenschaft zur Wissenschaft — sie ist Entwickelung des Wahrheitssinnes in jener höchsten Bedeutung des Worts, daß der Mensch überall sich Klarheit d. h. Wahrheit zu schaffen suche, und zu diesem Begriff gehört dann weiter, daß er gewöhnt werde die Wahrheit um ihrer selbst willen, *la lumière pour la lumière,* nicht um des Nutzens willen, den die Einzelnen, und wären ihrer noch so viele Millionen, allenfalls daraus ziehen könnten, zu suchen. Es gehört mit zu dieser Aufgabe, die Schüler, was für den Menschen außerordentlich schwer ist, darüber allmählich sicher zu orientieren, was Wissen in vollem und reinem Sinne heißt — wo sie selbst also wirklich wissen, nicht bloß ein einzelnes Wissenswerte allenfalls verstanden und vorübergehend in ihre Vorstellungswelt aufgenommen haben. Hier allerdings ist ein greifbarer und wesentlicher Unterschied zwischen den Gymnasien und den Realanstalten vorhanden. Den Wahrheitssinn, das versteht sich, haben auch diese zu entwickeln, auch sie vermitteln ein Wissen, nicht aber Wissen in jenem höchsten oder strengsten Sinn, sie lehren nicht studieren; ihren Adel haben sie anderswoher.

Was nun ist Geschichtswissenschaft? was Geschichtsunterricht? was Geschichtsunterricht für 9jährige Kinder, für 12jährige Knaben, für 18jährige Jünglinge?

Unter Geschichte verstehen wir Erforschung und Darstellung des Geschehenen, des durch Menschen, des in der Menschenwelt Geschehenen und, da die Masse dieses Geschehenen, die jeden Tag um ungeheure Mengen wächst, gar nicht faßbar und meßbar ist, das Wichtigste dieses unter den Menschen Geschehenen — aber das unter welchem Gesichtspunkt Wichtigste? Das unter dem Gesichtspunkt des Humanitätsgedankens Wichtigste denken wir — Geschichte und mithin auch Geschichtsunterricht setzt voraus, daß die Menschheit ein ethisches Ganze sei, und die von Gott gesetzte Aufgabe habe, ihren Begriff, den Menschen- und den Menschheitsbegriff in stufenweisem und allmählichem Fortschreiten zu realisieren, die Idee in Wirklichkeit umzusetzen. Das ist's, was man unter „Weltgeschichte" versteht, Geschichte der als ein ethisches Ganze gedachten Menschheit, und wenn man uns sagt, daß darin eine petitio principii liege, so ist dies freilich in gewissem Sinne wahr: es ist ein Glauben, kein Schauen. Aber eines ist sicher gegenüber dem Einwand, daß es eine Menschheit in diesem Sinne noch nicht gebe: sobald ein einziger Mensch diesen Gedanken „alle Menschen, Vergangene, Gegenwärtige, Zukünftige bilden ein ethisches Ganze" gedacht hat, so ist eine Menschheit in diesem Sinne da. Diese Definition der Wissenschaft, die er zu lehren berufen ist: „Geschichte = Geschichte der Menschheit, gedacht als ethisches Ganze" können wir dem Geschichtslehrer, auch selbst wenn er diesen Unterricht auf der elementarsten Stufe verwaltet, nicht ersparen: er muß sie gegenwärtig haben und er soll nicht vergessen, daß jener Begriff des *genus humanum* zuerst auf römischem Boden erarbeitet worden ist und im Christentum seine Wahrheit, — keineswegs schon seine Verwirklichung — gefunden hat: aber er soll nicht nach früherer „Methode" solche oder ähnliche Definitionen an den Anfang seines Unterrichts setzen — es ist Zeit genug dafür in Prima. Denn hier, erst hier am Ziele seiner langen Wanderung ist dem Schüler diese Definition nicht ein bloßes Wort, sondern eine, bis auf einen gewissen Grad erlebte Wahrheit, eine Idee.

Man führt, wo vom geschichtlichen Unterricht die Rede ist, mit Vorliebe ein Wort von Goethe an, daß das Beste an der Geschichte die Begeisterung sei, die sie erwecke. Dies ist sehr wahr, notabene das Beste, nicht das einzige Gute: aber die Begeisterung kann doch nur entstehen in Verbindung mit dem Gedanken oder der Empfindung, daß die Taten, die sie wecken sollen, die Taten großen und die Taten schlichten Heldentums, wirklich geschehen — von Menschen unseresgleichen vollbracht worden sind. Und dies führt sofort auf das oberste Gesetz jeder Geschichtsdarbietung, also auch des Geschichtsunterrichts auf Gymnasien, daß dieser Unterricht als geschehen nur vortragen darf und soll, was wirklich auch geschehen ist und, nach Kräften müssen wir freilich gleich hinzusetzen, so wie es geschehen ist. Denn wenn man ein Ideal von Geschichtsdarstellung aufstellt, das mit Einem Worte gesagt in vollkommener Objektivität bestände — Tatsachen erzählt, Persönlichkeiten geschildert, Motive entwickelt, ohne daß Gunst oder Abgunst, politische und religiöse Parteistellung oder auch sonstige Eigentümlichkeiten des darstellenden Individuums auf diese Darstellung einwirkten: so ist eine solche Aufstellung eines Ideals allerdings ganz gut, aber es voll zu realisieren ist unmöglich, denn der Darstellende bleibt immer ein einzelner und seine Auffassung und Darstellung des Geschehenen wird also immer einen starken Beisatz von Subjektivität haben. Ein Gebot aber, und ein nichts weniger als überflüssiges, tritt uns allerdings schon hier entgegen: was dezidiert nicht geschehen, von ernsthafter und redlicher Forschung als nicht geschehen erwiesen ist, darf nicht der moralischen oder ästhetischen oder sonst welcher Wirkung, nicht dem Effekt zuliebe als wirklich Geschehenes dargeboten werden. Von unseren großen Geschichtslehrern hat Fr. Chr. Schlosser jene Objektivität ausdrücklich abgelehnt und Ranke, der stolzbescheiden von sich sagte, er wolle nur erzählen, „wie es eigentlich gewesen sei", ist, so paradox dies klingt, eben durch sein Streben nach Objektivität sehr subjektiv:[1]) wir können also weder diesen noch jenen als Muster für den Vortrag des Geschichtslehrers an Gymnasien aufstellen.

Die Unmöglichkeit, Geschichte „rein objektiv" darzustellen, ist aber nicht bloß ein Negatives, ein Mangel, sondern sie hat auch eine sehr positive Seite. Der Lebende hat recht, zum mindesten hat er, sofern er Geschichte schreibt oder lehrt, das Recht sie zu schreiben oder zu lehren als Sohn seiner Zeit, vom Standpunkt des 20. Jahrhunderts aus also, und als Sohn seines Volkes, — viele werden geneigt sein hinzuzusetzen „und als Sohn seiner Kirche": sie berühren damit eine überaus schwierige Frage der Praxis, die uns an ihrem Orte umsomehr beschäftigen wird, als die meisten Besprechungen des Gegenstandes auf Direktorenkonferenzen und in pädagogischen Handbüchern sich um diesen Punkt herumdrücken, gleich als wenn etwas der Art wie Verschiedenheit der Lebensauffassung

---

[1]) Wir denken z. B. an die historischen Einleitungen und Überleitungen in dem von Ranke herausgegebenen Briefwechsel Bunsens und Friedrich Wilhelms IV., die, scheinbar sehr objektiv, sich lesen, als wäre vom 17. oder 18. Jahrhundert die Rede, in Wahrheit aber durchaus subjektiv gefärbt sind. Unter den deutschen Geschichtsdarstellern scheint uns Ludwig Häusser am meisten geeignet, dem Lehrer als Muster zu dienen: er hat den vollen historischen Gerechtigkeits- und Wahrheitssinn und dabei zugleich Herz und Charakter.

und große menschliche Gemeinschaften, Kirche und kirchliche Parteien, die sich auf dem Grund solcher verschiedenen Auffassung erhoben, sich bekämpft haben und bekämpfen, gar nicht vorhanden wären. Es liegt eine große Kraft in einer energisch entwickelten Individualität und wenn irgendwo, so wird sie und soll sie im Geschichtsunterricht sich geltend machen: dabei aber muß der Geschichtslehrer mehr noch als der Geschichtschreiber sich dessen bewußt sein, daß er nur ein Einzelner ist, und er hüte sich demnach vor den in Schlagworten formulierten fertigen, im Orakelton vorgebrachten Urteilen.

Noch eines gehört in diesen Zusammenhang, ehe wir in das Einzelne und Konkrete eintreten können. Auch beim Geschichtsunterricht dringt auf den Lehrenden das ein, was man den Zeitgeist nennt und was häufig nur eine vorübergehende Laune oder Mode ist. Gegenwärtig tritt bekanntlich das „Zeitbewußtsein" oder das „Bedürfnis der Gegenwart" oder das „Leben" mit der oft in sehr hohem Tone gestellten Forderung besonderer Berücksichtigung aller möglichen wirtschaftlichen und sozialen Entwickelungen an den Geschichtslehrer heran und es ist nicht das Einzige! Alle Augenblicke verlangt irgend ein neues Moment gebieterisch „Berücksichtigung" oder „Pflege", es ist als bemächtige sich der Geist der Reklame, der Anpreisung feilgebotener Ware auch unseres vom Marktgetriebe und Konkurrenz so entfernten Gebietes. In Wahrheit: der großen Worte ist kein Ende: Pflege des Vaterlandsgefühls, des staatlichen Verantwortlichkeitsgefühls, des religiösen Sinnes, des Charakters überhaupt, verlangt man von ihm: der Erfahrene weiß, was es mit alle dem auf sich hat, wie bescheiden die Wahrheit oder Wirklichkeit ist, die sich hinter den hochtrabenden Redensarten verbirgt. Dem jüngeren Fachgenossen aber möchten wir deshalb gleich hier an der Schwelle unserer Betrachtungen den doppelten Rat geben

einmal: sich von dem Lärm nicht erschrecken und von den großen Worten nicht entmutigen zu lassen und

zweitens: nur fortzufahren Geschichte zu studieren, — sie zu lernen, damit er sie lehren könne. Das Eine, wie man Geschichte studieren, weiterlernen muß, hat ihn die Universität gelehrt, und in der Prüfung hat er dargetan, daß er sich diese Fähigkeit angeeignet hat: wie man sie lehrt, Kinder, Knaben, Jünglinge lehrt, das wird ihn eben die Praxis des Lehramts um so sicherer lehren, je eifriger und unermüdlicher er sein Interesse dem Stoff und Gegenstand selbst zuwendet. Eines aber ist allerdings notwendig, auf welcher Stufe immer er den Geschichtsunterricht zu erteilen habe, — er muß den ganzen Weg, den seine Schüler zurückgelegt haben oder noch zurücklegen werden, übersehen können: von diesem Gesichtspunkte gehen wir bei den folgenden Betrachtungen aus und nur auf diese Weise können wir hoffen, unseren Studien- und Fachgenossen mit denselben einigen Nutzen zu bringen. Unsere deutschen Gymnasien und die ihnen entsprechenden sonstigen höheren oder Mittelschulen empfangen ihre Schüler im allgemeinen im 9. oder mit vollendetem 9. Jahr, hier etwas früher, dort etwas später: und sie entlassen sie, den Teil, welcher die Schule absolviert, mit 18, 19, 20 Jahren. Das Gymnasium und entsprechend die neunstufige Realschule hat es mithin mit Kindern, Knaben und Jünglingen zu tun und mit dieser Tatsache hat, wenn irgend einer, auch der Geschichtsunterricht als mit einem Fundamentalgesetz zu rechnen. Geschichtliches wird sich anders im Kopf des Kindes und des Knaben, anders im Kopf des Jünglings und anders in der Seele des Mannes oder des Greises spiegeln. Dies ist auch nie verkannt worden: so viel ich sehe, nehmen alle Stundenpläne deutscher Vollanstalten deshalb eine zweimalige Wanderung durch die Jahrhunderte in Rechnung und naive oder künstliche Vorschläge, welche einfach die Zahl der Klassen in den weltgeschichtlichen Stoff dividierten und jeder Klasse von Quarta bis Prima ihre Portion zuteilten, haben keinen Beifall gefunden. Wir finden, indem wir die Programme der deutschen Gymnasial- und Realanstalten durchmustern, im ganzen eine große Übereinstimmung, die uns unsere Aufgabe wesentlich erleichtert und es rechtfertigen wird, wenn wir zunächst von den Einrichtungen in Preußen und denjenigen Ländern, welche diese Einrichtung unmittelbar übernommen haben, ausgehen, nicht bloß weil sie dem Verfasser selbst am geläufigsten sind,[1]) sondern auch weil sich das Meiste, was sich aus ihrer Betrachtung ergibt, unschwer auf die übrigen Anstalten unseres Vaterlandes übertragen läßt. Hier in Preußen nun ist der geschichtliche Unterricht, in seiner Gesamtheit und einzelnen wichtigen Momenten, auf zahlreichen Direktorenkonferenzen besprochen worden: etwa elfmal bis zum Jahr 1876, wo der bekannte Erlersche Auszug erschienen ist und seither wohl ebenso oft, und wer den außerordentlich mühsamen Apparat kennt, mit welchem diese Konferenzen arbeiten, der wird nicht zweifeln, was schon der Augenschein ergibt, daß es an Gründlichkeit diesen Besprechungen nicht gefehlt hat: es läßt sich aber in der Tat fragen, ob die Ernte der aufgewandten Mühe entspricht.[2]) Eines was uns sehr wichtig scheint, haben wir trotzdem weder hier noch in der übrigen Literatur des Gegenstandes genügend hervorgehoben und ins Licht gerückt gefunden. Man erhält den Eindruck, als wenn unsere Schüler Geschichte nur in dem eigentlichen Geschichtsunterricht lernten, und doch ist nichts klarer, als daß geschichtlicher Stoff und geschichtliche Eindrücke unseren Schülern noch aus vielen anderen Quellen zuströmen und daß man mithin über geschichtlichen Unterricht nicht fruchtbar reden kann, wenn man nicht über diese Zuflüsse des Geschichtsunterrichts, daß wir so sagen, und ihren Einfluß auf den Hauptstrom im Klaren ist. Und nicht ums Reden über diesen Unterricht handelt sich's, sondern um seine Verwaltung: und der Geschichtslehrer wird deshalb gut tun, auf jeder Stufe sich über dieses Verhältnis — die Beziehung der übrigen oder einiger der übrigen

---

[1]) Man findet das Nötige bei Baumeister, Einrichtung und Verwaltung des höheren Schulwesens in den Kulturländern von Europa und Amerika, Bd. I, 2 des Handbuchs, S. 99 (Bayern), 129 (Sachsen), 152 ff. (Württemberg), 119 (Baden), 195 (Hessen), 287 (Österreich), 345 ff. (Ungarn); — die Unterschiede sind nicht so tiefgehend, daß sie, was wir über Methodik und Didaktik zu sagen haben, in seinem Wesen berührten.

[2]) Anfänger sind vor dieser Lektüre — den in 100 Bänden auf vielen tausend Seiten den Gegenstand behandelnd und, wie natürlich, dieselben Wahrheiten ebenso hundertfach wiederholenden Berichten und Gegenberichten — vielmehr zu warnen: sie würde ihnen ein ganz falsches Bild von dem, was auf diesem Boden wirklich und möglich ist, geben.

Unterrichtsfächer zum Geschichtsunterricht — einige Rechenschaft zu geben.
 Dies wird ihn zu einer letzten Vorfrage führen, die aber allerdings schon tief in die Frage selbst einschneidet — wo, mit welcher Klassenstufe hat der eigentliche, förmliche, fortlaufende Geschichtsunterricht einzutreten? Man weiß — von einigen wenigen Erfindern des 11. Gebots abgesehen — auf welcher Klassenstufe ungefähr der französische, der griechische, der englische Unterricht einsetzen soll und einsetzt: ist dasselbe auch bei dem geschichtlichen Unterricht der Fall?
 In den meisten deutschen Staaten beantwortet man diese Frage tatsächlich damit, daß man solchen Unterricht erst mit dem 3. Schuljahr, mit Quarta also nach verbreitetster Terminologie, beginnt und auch der preußische Lehrplan von 1892 wie der von 1901 tut dies, wenn er gleich schon für Sexta und Quarta eine Rubrik Geschichte — Geschichte 1 Stunde wöchentlich, S. 45 — einstellt und unter dieser etwas bringt, was kein Geschichtsunterricht ist. Wir müssen jene Bestimmung des Beginns fortlaufenden und eigentlichen Geschichtsunterrichts durchaus billigen. Ein wirklicher Geschichtsunterricht, das Wort in dem oben dargelegten Sinne gebraucht, kann erst da beginnen, wo eine, wenn auch noch sehr unentwickelte Vorstellung vorhanden ist von dem Unterschied zwischen dem was wirklich geschehen ist und dem, von dem man bloß sagt, daß es geschehen sei, zwischen Tatsächlichem und bloß Erzähltem — wo ein Bewußtsein sich zu bilden beginnt davon, daß Dichtung, Sage, Erzählung etwas anderes ist als Geschichte. Das kommt freilich nicht alsbald und von selbst durch die Versetzung von der V. in die IV.: aber im allgemeinen ist allerdings das Alter von 11, 12 Jahren und die ihm entsprechende Klassenstufe ihrer ganzen Einrichtung nach die Epoche, wo dieser Prozeß sich vollzieht. Indem wir aber verlangen, daß „Geschichte" als förmliches Unterrichtsfach erst mit Quarta eingesetzt werde, sagen wir keineswegs, daß die Bildung geschichtlichen Sinnes nicht schon zuvor ansetze, aber wir scheiden die beiden unteren Klassen Sexta und Quinta als eine erste oder Vorstufe ab, weil wir glauben, daß wir für unsere ferneren Betrachtungen dadurch den richtigen Ausgangspunkt gewinnen. Wir gehen dabei vom Gymnasium, der Lateinschule, aus: was wir zu sagen haben, gilt aber von jeder höheren Schule.

I. Vorstufe.
(Sexta und Quinta.)

Wenn wir eigentlichen Geschichtsunterricht für diese Alters- ober Klassenstufe noch ablehnen, so ist doch der ihr dargebotene Unterrichtsstoff gerade unter dem Gesichtspunkt historischer Bildung, Bildung des Geschichtssinnes, geschichtlichen Wahrheitssinnes außerordentlich wichtig. Es sind 3 Hauptquellen, aus denen dieser Bildungsstoff den Gymnasialschülern dieser untersten Stufe zuströmt: der lateinische, der deutsche und der Religionsunterricht.
 Es ist merkwürdig, daß man den lateinischen Unterricht fast niemals unter diesen Gesichtspunkt bringt und doch ist die Sache, sobald

man sie einmal ausgesprochen hat, sonnenklar. Die erste Vorbedingung geschichtlicher Auffassung ist die Fähigkeit, eine Vergangenheit als Gegenwart zu denken oder zu empfinden: eine vergangene Volksgeschichte — Leben, Taten, Besitztümer, Empfindungsweisen eines dahingeschiedenen Volkes aber sind Gegenwart in seiner Sprache und darum wirkt jede fremde und namentlich jede vergangene fremde Sprache mit so großer Stärke auf jedes menschliche und auch schon auf ein kindliches Gemüt.

Man hat sich den Sinn für diese in der Tiefe wirkenden Kräfte, die allerdings nicht sofort in greifbaren Wirkungen zu Tage treten, einigermaßen verbaut durch die vielgebrauchte, aber schon sprachlich unklare Redensart von der formalen Bildung — der bildenden Bildungskraft des Lateinischen, während doch die Erlernung der Sprache eines Volkes, das uns wie das römische zugleich unendlich fern und wieder unendlich nahe steht, ganz von selbst auch schon dem 9jährigen Knaben sehr viel mehr bietet, als jener Ausdruck sagt, selbst wenn wir unter formal etwas Tieferes — die Fähigkeit, das zerstreute Einzelne unter Einheiten, Begriffe, Regeln, Gesetze zu sammeln verstehen. Es erscheint uns für den Gesamtorganismus der Gymnasialbildung ganz wesentlich, daß in dieser Sprache nichts trivial, alles Wissenschaft — Wissenschaft auch für den kindlichen, den Sextanerverstand — ist, und zwar dies aus dem einfachen Grunde, weil in jedem lateinischen Worte, das ins Deutsche übertragen wird und umgekehrt, Geschichte, geschichtliches Leben steckt. Es ist nicht anders und wenn es nur erst *mensa rotunda est* wäre: das Volk, das vor ein paar tausend Jahren diese Sprache redete, hatte runde Tische, *sella* Sessel, *placenta* Kuchen u. s. w., es redete seine Söhne mit *mi fili* an: es ist für den aufmerksameren Beobachter ganz unzweifelhaft, daß das größere Interesse, das der Knabe — sofern er überhaupt anregungsfähig ist — der lateinischen Sprache gegenüber einer neueren entgegenbringt, eben hierauf beruht. Es ist auch für den Erwachsenen nicht dasselbe, ob er im nächsten Laden einen schönen Krug aus einer renommierten Fabrik oder ob er eine mit einer rohen Inschrift versehene römische Trinkschale, die eben aus der Erde gegraben ist, betrachtet. Die Trinkschale ist vor zweitausend Jahren ebenso trivial gewesen, wie jetzt der schöne Krug, der in einem Dutzend Exemplaren im Laden zu kaufen steht und für uns ein Gegenstand ästhetischen Wohlgefallens und vielleicht technischen Interesses ist: aber eins hat sie voraus, sie hat eine Geschichte, sie spricht zu uns von vergangenem Leben und macht dieses vergangene Leben in unserem Bewußtsein für einen Augenblick zur Gegenwart. Sie erweckt selbst in dem Stumpfsinnigen ein Analogon von wissenschaftlichem Interesse, ein wenn auch noch so flüchtiges Interesse der Neugier: und eben eine solche Wirkung übt die wachsende Bekanntschaft mit lateinischen Formen, Worten, Wendungen und damit Dingen und Begriffen auf den 9jährigen, der sich darum auch ganz besonders als Lateiner fühlt, weil er ahnt, daß er damit ein Wissen, ein wirkliches reines Wissen, kein bloßes Marktwissen besitzt. Den fremdsprachlichen Unterricht auf dem Gymnasium mit Französisch oder Englisch — Englisch für Sextaner — beginnen, heißt den wissenschaftlichen Sinn schon in seinem ersten Keimen verwüsten. Wenn uns nun einer jener Eiferer, die alles gleich auf die Stufe des Bewußten erheben, konzentrieren, apperzipieren lassen wollen, fragte, was denn der Lehrer damit, mit diesem geschichtlichen Moment, das schon in den Elementen des Lateinlernens liege, anfangen solle, so müssen wir antworten: gar nichts Besonderes, er soll diese Entwickelung ruhig gewähren lassen. Wohl darf er, denn dies ergibt sich sehr von selbst, gelegentlich seinen Knaben etwas von dem großen Römervolke sagen, dessen Sprache sie lernen und von dem sie weiterhin noch viel erfahren werden, aber wir wünschten ja nicht dahin mißverstanden zu werden, als wenn wir schleunigst römischen und griechischen Geschichtsstoff in die Übungssätze stopfen wollten, was man da und dort konzentrieren — lucus a non lucendo — nennt: auch auf unserem Acker wächst so manches Gute ohne den methodischen Lärm in der Stille.

Die zweite Quelle, die auf ihrem Grunde Goldkörner geschichtlichen Sinnes mit sich führt, anders geartet als die erste, aber diese sehr willkommen ergänzend, strömt und strömt ziemlich stark auf dem Boden des deutschen Unterrichts. Die deutsche Lektüre der beiden unteren Klassen, ihr deutsches Lesebuch, gibt neben Gedichtchen oder Gedichten von allerlei Art, neben Fabeln, Märchen, Menschen- und Tieranekdoten, Naturschilderungen, Sprichwörtern bekanntlich auch Geschichtliches. Es war unserer Meinung nach nicht wohlgetan, daraus, wie in den preußischen Lehrplänen von 1882, 1892 und 1901 geschehen, etwas besonderes, eine besondere Geschichtstunde, „Deutsch und Geschichtserzählungen" 3 + 1 = 4 Stunden zu machen. Es versteht sich, daß unsere Lehrindustrie stracks bei der Hand gewesen ist und schon eine ganze Literatur von Büchern erzeugt hat, welche auf der ersten Seite eine Biographie des Herkules oder Odysseus und auf der letzten eine von Kaiser Wilhelm I. oder gar unseres jetzigen Kaisers geben.

Wir müssen uns aufs entschiedenste gegen diese Literatur und ihre Quelle, die „Geschichte" oder besondere Geschichtsstunde in Sexta und Quinta erklären: auch selbst in der Gestalt, wie diese Stunde in der sonst so verständigen Lehrordnung für die sächsischen Gymnasien vom 28. Januar 1893 erscheint. Alles was hier von geschichtlichem Stoff — aus griechischer, römischer, deutscher, sächsischer, preußischer Geschichte gegeben werden kann, gehört in die deutsche Stunde und ins deutsche Lesebuch. Es ist ganz in der Ordnung, daß der 9jährige, 10jährige Lateinschüler, indem er ganz sachte *ab ovo* d. h. vom Ordentlich-lesen-lernen an in die deutsche Nationalliteratur eingeführt wird, etwas zu lesen bekommt von Karl dem Großen, von Heinrich I., von Friedrich Barbarossa, von König Friedrich Wilhelm III. und Kaiser Wilhelm I., von Josef II., Maria Theresia, Friedrich II., von den Helden seines engeren oder weiteren Vaterlandes und selbst seiner engeren oder engsten Heimat, und noch schöner ist, wenn ein gottbegnadeter Lehrer, selbst ohne Oberlehrerzeugnis und während auf Meilen in der Runde kein Schulrat oder Direktor zu sehen ist, seinen Sextanern von diesen Männern und Frauen erzählt: Geschichtsunterricht aber ist das nicht, schon deswegen nicht, weil es für die Schüler dieser Stufe gewissermaßen zeitlos ist — denn es wäre ein leeres Wort, ihnen zu sagen, daß Friedrich der Große von 1740 bis 1786 und Karl der Große von 768 bis 814 n. Chr. Geburt regiert haben. Auch unterscheiden sie diese prosaischen Erzählungen geschichtlicher Art gar nicht von entsprechenden Gedichten historischen Charakters: sie unterscheiden Gott sei Dank eine Sage von Karl dem Großen noch nicht von einer Geschichte Karls des Großen und es wäre sehr unrecht, ihnen den Roland der Sage und des Gedichts in den Hruotland der Geschichte verwandeln zu wollen. In einem deutschen Lesebuch für Quinta lesen wir: „Kadmus (um 1500 v. Chr.)", — ein richtiger Typus für die Konfusion von Sage und Geschichte.

Wenn der preußische Lehrplan von 1892 bestimmte, daß dabei, bei diesen „Lebensbildern aus der vaterländischen Geschichte" von der Heimat auszugehen sei — also in Köln etwa von Albertus Magnus oder dem heiligen Martinus oder Reinald von Dassel — so sehen wir dafür keinerlei zwingenden Grund. Es scheint uns ganz gleichgültig, in welcher Ordnung, ob von Köln ausgehend und in Berlin endigend oder wie sonst diese Erzählungen aus der vaterländischen Geschichte gelesen oder vorgeführt werden, deren jede ihren Wert, ihren Nahrungswert für die Seelen der Schüler, in sich selbst hat. Der preußische Lehrplan von 1901, der in aller Stille viel Verkehrtes seiner beiden Vorgänger berichtigt hat, S. 47, sagt unverfänglich: „die großen Heldengestalten der näheren und ferneren Vergangenheit".

Was die Verteilung der Stoffe auf Sexta und Quinta betrifft, so scheint man neuerdings — und dies klingt ja sehr national — großen Wert auf möglichst frühzeitiges Nahebringen deutscher Sagen zu legen: in einigen Programmen finde ich diese, einschließlich deutscher Göttermythen, ausdrücklich als Pensum der Sexta angegeben. Davor möchte eher zu warnen sein: ich habe nicht gefunden, daß Hildebrant und Hadubrant, Titurel und Frimutel, Parzival und Herzeloyde, Orilus und Schionatulander ja selbst Repanse und Feirefiz von Anjou die Phantasie unserer Sextaner in besondere Wallung gesetzt hätten. Diese Welt erhält für die Jugend ihre Bedeutung erst auf einem Umweg, nämlich wenn diese Jugend einiges geschichtliche Interesse für ihr Volk gewonnen, mit Gestalten wie Theodorich, Etzel, Erscheinungen wie dem Rittertum einige Vertrautheit gewonnen hat, und es würde demnach geraten sein, solche Mitteilungen aus der mittelalterlich-deutschen Welt mindestens in größerer Fülle dem deutschen Lesebuch für Tertia vorzubehalten, wo sie in ihrem besonderen und natürlichen Zusammenhang auch ihre gute und natürliche Wirkung tun werden: auch für die Nibelungen ist dies das richtige Alter. Dagegen halten wir das für durchaus richtig und vernünftig, wenn in diesen beiden unteren Klassen namhafte Persönlichkeiten unserer vaterländischen Geschichte in Anekdoten, Erlebnissen, Charakterzügen fleißig vorgeführt werden, wobei man aber keinen anderen Zweck ins Auge fassen darf, als den der unmittelbaren Wirkung. Es ist vollkommen gleichgültig, in welcher Ordnung man hier verfährt: man kann heute eine erbauliche Geschichte von Blücher und Moltke und morgen eine von Karl dem Großen lesen lassen oder erzählen, da ja diese Schüler von Chronologie nur die allerelementarsten

Vorstellungen haben und einstweilen auch keine sublimeren brauchen: es kommt lediglich darauf an, daß sich ihre Vorstellungswelt mit einigen sympathischen Gestalten und Handlungen aus der Geschichte ihres eigenen Volkes bereichere, was man, wenn denn durchaus hochtrabende Redensarten gemacht sein sollen, unseretwegen auch Pflege des Patriotismus nennen kann.

Dergleichen Stücke, namentlich poetische, soll nun auch noch das Lesebuch für Quinta enthalten, insbesondere aber soll es eine Auswahl der schönsten Sagen des klassischen Altertums, möglichst viele griechische, Prometheus, Phaethon, Kadmus, Dädalus u. s. w. und einige (wenige) römische enthalten: und der frühere preußische Lehrplan hatte sehr recht, wenn er sagte, daß die eigentlichen Sagen des klassischen Altertums der altsprachlichen Lektüre und dem deutschen Unterricht — dem letzteren also in dieser Klasse — zuzuweisen seien. Nur freilich ist uns so recht nicht klar, was „eigentliche" Sagen sind: sie sollten offenbar etwas anderes sein, als das, was für die eine höchst überflüssige und heimatlose Geschichtsstunde auch in der Fassung von 1901 postuliert wird: „Erzählungen aus den Sagen des klassischen Altertums sowie aus der ältesten Geschichte der Griechen (bis Solon) und der Römer (bis zum Kriege mit Pyrrhus)." Man braucht aber um Worte nicht weiter zu streiten. Wir sind überall für das Einfache und darum sind uns 4 Stunden Deutsch lieber als 3 Stunden Deutsch und eine Stunde Geschichte, materiell ist es nicht verschieden. Wie schön und fruchtbar in der Hand oder vielmehr im Munde eines Lehrers, der diese Poesie selbst noch jugendlich empfindet, jene Sagen gemacht werden können, davon braucht nicht weiter die Rede zu sein: ich kann mir jetzt noch, nach mehr als 60 Jahren, die tiefe Wirkung zurückrufen, die mir die ersten Sätze in Gustav Schwabs klassischem Buch: „Himmel und Erde waren geschaffen: das Meer wogte in seinen Ufern und die Fische spielten darin, in den Lüften sangen beflügelt die Vögel, der Erdboden wimmelte von Tieren" — — gemacht haben: wir betrachten sie nur, sofern sie auf den geschichtlichen Unterricht, der ja nun nicht mehr entfernt ist, vorbereiten sollen oder besser von selbst vorbereiten. Da ist z. B. die Erzählung von Kadmus S. 87 des nächsten, wenn auch vielleicht nicht besten Lesebuchs, des Lesebuchs für Quinta von Hopf und Paulsiek. Nachdem das Stück abschnittweise gelesen ist, der Lehrer sich überzeugt hat, daß seine Knaben alles verstanden haben, und er es etwa bei geschlossenen Büchern noch einmal vorgelesen hat, fragt er nach dem, was sie sich aus der Erzählung gemerkt haben, und auf völlig ungezwungene, ganz naturgemäße Weise, ohne Verletzung der Poesie der Sage, ohne alle Formalstufen und Interessen, erfahren sie vom Namen Europa, von dem erfindungsreichen Volke der Phöniker, sie hören was ein Orakel ist, erfahren die Namen einiger griechischer Orte, Kreta, Delphi, Theben, die Namen einiger griechischer Gottheiten, und es ist nicht verboten, auch davon noch ein Wort zu sagen, wofür wir diesem alten Phönikiervolk noch heute verpflichtet sind. Dergleichen verbindet sich mit anderem Stoff, unter anderem mit gelernten lateinischen Vokabeln, und dies, möchten wir hinzusetzen, ohne besondere Kunst des Lehrers, von dem wir hier wie sonst nur verlangen, daß er die sittlichen Kräfte, die in jedem würdigen und faßlichen Gegenstand — namentlich wenn er in eine edle sprachliche Form gefaßt ist — liegen, nach dem Maße seiner Einsicht benütze, und vor allem ihre Wirksamkeit nicht durch ein Zuviel-wollen, Zu-vieles-auf-einmal-wollen störe.

Von viel durchgreifenderer, viel unmittelbarer wirkender Bedeutung für die Förderung und erste Pflege der noch zarten Keime geschichtlichen Sinnes ist der Religionsunterricht dieser Stufe — der Umstand, sagen wir kurz, daß der christliche Religionsunterricht, die dritte der Quellen, die wir oben unterschieden haben, in Sexta und Quinta unserer Mittelschulen zugleich erster und elementarster Geschichtsunterricht ist: was denn auch der preußische Lehrplan von 1901 in seinen Methodischen Bemerkungen für die Geschichte S. 47 anerkannt, keineswegs aber genügend hervorgehoben hat. Er ist — denn vom Katechismusunterricht und aller etwaigen Fühlung mit dem Leben der Gemeinde oder dem kirchlichen Leben reden wir hier nicht — wesentlich biblische Geschichte: alten Testaments in Sexta, neuen Testaments in Quinta. Es handelt sich nicht darum, hier einen Begriff dem anderen zu unterschieben, auch nicht darum auf Bossuets *Discours sur l'histoire universelle* oder auf Eusebius *Praeparatio evangelica* zurückzugehen: das aber ist von selbst klar, daß die biblischen Geschichten oder im Singular die biblische Geschichte recht eigentlich die gegebene Vorstufe für den späteren Geschichtsunterricht ist und so behandelt werden muß, wenn zunächst die Religion zu ihrem Rechte kommen soll, die hier in der Tat vollkommen das gleiche Interesse hat, wie der geschichtliche Unterricht. Der Religionsunterricht, zumal der evangelische, ist aber zugleich erster Geschichtsunterricht nicht bloß in dem mehr äußerlichen Sinn, daß man, wo von Mose die Rede ist, und daß er in aller Weisheit der Agypter aufgewachsen sei, den 9jährigen Knaben sehr wohl etwas davon erzählen darf, wer diese Agypter waren und worin diese ihre „Weisheit" bestanden habe, etwas von ihren Hieroglyphen und ihren Pyramiden und ihrem Mörissee u. s. w. erzählen darf, oder daß im neuen Testament der Quintaner ganz von selbst einigen Begriff bekommt von dem großen Römerreiche und seiner Provinzialverwaltung. Er ist es auch nicht bloß in dem schon weit ernsteren und fruchtbareren Sinn, daß die Kinder gewisse geschichtliche Vorstellungen, die späterhin sehr wichtig werden, sich ganz von selbst in ihrer Weise aneignen — die patriarchalische Verfassung, das Nomadenleben, das Heranwachsen eines Stammes zum Volk; es werden ihnen anarchische Zustände vorgeführt und die unregelmäßige aber wirksame Gewalt von Männern („Richtern"), die ohne Amt durch ihre kraftvolle Persönlichkeit ein Volk lenken; das Volk selbst wird geschildert und zwar unnachahmlich geschildert — die bald enthusiastische, bald verzagte, bald blind gläubige, bald trotzig ungläubige, der Lenkung bedürftige und jede Lenkung abweisende, launisch kindische, der Wunder bedürftige Menge — das Volk wie es ist, war und sein wird; sie erfahren von Steuern, Anarchie, Priestertum, Königtum und so vielen anderen Dingen, die in der Tat nicht durch Definitionen deutlich gemacht werden können — oder welcher unserer Weisen definiert uns gleich, was „das Volk" ist? —

sondern die bis auf einen gewissen Grad erlebt sein wollen, ehe man mit ihnen operieren kann, und die in der Tat, wenn irgendwo, in diesen biblischen Geschichten wirklich erlebt werden und zwar, was nicht im mindesten gleichgültig ist, kritiklos erlebt werden, also für den Schüler bedingungslose Wahrheit, unbezweifelte Wirklichkeit sind. Allein diese Wanderung durch die „biblischen Geschichten" ist Vorstufe für allen Geschichtsunterricht in einem noch viel tieferen Sinn. Wir haben oben schon aufgestellt, daß „Geschichte" von vornherein und prinzipiell den Begriff einer Menschheit — der Menschheit als eines ethischen Ganzen — postuliere: dieser Begriff ist hier in diesen „biblischen Geschichten" von vornherein vorausgesetzt. Wollten wir uns in spekulative Deduktionen einlassen, so müßten wir sagen, daß in diesem Begriff der Gottesbegriff mitgesetzt sei, daß ohne diesen die Menschheit als ein ethisches Ganze überhaupt nicht gedacht werden könne: was wir hier aber brauchen ist nur dies, daß 9-, 10jährige Knaben beides, Gott und Mensch, Gottheit und Menschheit nur zusammen denken können. Diese sich gegenseitig voraussetzenden Begriffe sind aber in dem Religionsunterricht, wie er an den biblischen Geschichten sich gestaltet, nicht nur gegeben, sondern sie sind auch in einer dem kindlichen Verständnis zugänglichen Form gegeben, und sie wurzeln sich deshalb unausrottbar tief ein, wozu noch kommt, daß sie ihnen zukommen, getragen von einer Autorität, mit der sich keine andere messen kann. Die Vorstellung einer besonders auserkorenen, an den wahren Gott glaubenden Familie, die sich zum Stamm, der Stamm, der, diesen Glauben bewahrend, sich zum Volk erweitert, dem Gott das Gesetz seines Lebens in dem ihm zugedachten Lande gibt und mit dem er seinen Bund schließt — die Blüte und der Abfall und Verfall dieses Volkes — die Einseitigkeit und Beschränktheit der Vorstellung von einem Volksgott und die allmähliche Überwindung dieser Beschränktheit, und wie sich dann die Geschichte dieses Volkes gleichsam zusammenzieht zur Geschichte der Einen Persönlichkeit Jesu und eben damit sich zu wirklicher Weltgeschichte erhebt und erweitert —: in Wahrheit, wir haben hier und zwar in der denkbar populärsten und wirksamsten Form die notwendige Voraussetzung für allen späteren Geschichtsunterricht. Dessen höchste Ziele und Aufgaben — wie hoch man als Philosophie der Geschichte oder unter sonst welchem Namen diese Ziele stecken mag — liegen hier im Keime verhüllt, und aller fernere Unterricht und alles fernere Studium wird sich seines Zusammenhangs mit diesen ersten Elementen bewußt bleiben oder bewußt werden müssen, wenn man nicht dieses Studium selbst mit der bitteren oder verzweifelten Frage zernichten will, die Goethe seinem Faust in den Mund legt:

> soll ich vielleicht in tausend Büchern lesen,
> daß überall die Menschen sich gequält,
> daß hie und da ein Glücklicher gewesen?

Hier haben wir dem Lehrer keinen weiteren Rat zu erteilen: je reiner er diese biblischen Geschichten als Geschichte, d. h. als Geschehenes behandelt, desto besser wird er für das erwachende religiöse Leben seiner Schüler sorgen, und je reiner er diesen Unterricht als Religion behandelt, je mehr er mit dem Herzen und allen edlen Kräften seiner Seele dabei ist, umsomehr wird er für den Geschichtssinn seiner Schüler sorgen. Die historische Kritik, fast ist es überflüssig dies hinzuzusetzen, würde hier, wo der Knabe ihr nicht folgen, sie nicht nachdenkend vollziehen kann, die Lüge sein, nicht das ruhige Wiedererzählen und das Eruieren des religiösen Gehalts dieser Geschichten, welche tiefste Wahrheit enthalten, mag es auch mit ihrer Wirklichkeit stehen, wie es wolle.

Der Geographie haben wir unter den Quellen des Geschichtssinns auf dieser Stufe nicht gedacht: sie ist es auch nicht eigentlich, sie steht in einem viel engeren Verhältnis zur Geschichte, die ohne sie gar nicht denkbar ist: beide sind gar nicht zu trennen, und man trennt sie nur aus zwingenden methodischen, sozusagen taktischen Gründen, damit sie, getrennt marschierend, dermaleinst vereint schlagen können. Man macht hier, in Sexta, den ersten Gang durch den großen Schauplatz der Weltgeschichte, indem man sein in hieroglyphischer oder hieratischer Schrift gezeichnetes oder angedeutetes Abbild, den Atlas, Karte um Karte durchnimmt. Je besser, je einfacher, je dem kindlichen Geist verständlicher der Lehrer Gebirg und Fluß und Meer u. s. w. den Schülern nahe zu bringen weiß, umsomehr wird er dem späteren Geschichtsunterricht vorarbeiten. Es ist ihm auch keineswegs verwehrt, ihnen etwas von Kolumbus, von Cook, von Franklin, von Nansen u. s. w, zu erzählen: wir müssen aber hier bemerken, daß uns die Bestimmung des Preußischen Lehrplans, der, nach jener ersten Durchwanderung des Atlas in Sexta, für Quinta nun gleich Geographie von Deutschland ansetzt, als ein großer Mißgriff erscheint und daß wir durch die dafür vorgebrachten Gründe nicht bekehrt worden sind. Dies ist für diese Stufe ein gänzlich unfruchtbarer Unterricht. Das Vaterland, geschweige die engere Heimat ist noch kein Gegenstand eines tieferen, wissenschaftlichen Charakter tragenden oder vorbereitenden Interesses für 10jährige Kinder; sie wird dies erst, wenn der Geist etwas gereifter, mit geschichtlichen und anderen Kenntnissen bereichert ist und für Gymnasien gilt uns unbedingt beim geographischen Unterricht der Grundsatz: erst in die Ferne, dann in die Heimat, nicht erst das Schulzimmer, dann das Städtchen und sein Ententeich, dann die Provinz, dann Deutschland, dann Europa und dann die fremden Weltteile. Davon später in Tertia noch ein Wort.

An Realschulen wird für diese Stufe die Sache nicht viel anders stehen wie an den Gymnasien. Das Lateinische allerdings fällt weg und dafür gibt es keinen Ersatz und soll es keinen geben, da ja diese Schüler jene intensive Beschäftigung mit der Geschichte wie die Schüler des Gymnasiums sie brauchen, gar nicht suchen: historische Orientierung, nicht historische Durchbildung ist hier das Ziel. Indes ist Akt davon zu nehmen, daß der Preußische Lehrplan für Realschulen dem Deutschen (Deutsch und Geschichtserzählungen) eine Stunde mehr gibt als dem Gymnasium — 4 + 1 statt 3 + 1, Quinta 3 + 1 statt 2 + 1. Das Lesebuch für diese Realsexta und -quinta wird also etwas anders eingerichtet, es wird namentlich stoffreicher sein müssen, als das gymnasiale. Es wird demnach und denken wir soll auch mehr Geschichtserzählungen bringen: und wir werden weiterhin sehen, daß das Dringen auf das Positive, Tatsächliche, einen guten Vorrat gedächtnismäßigen Geschichtswissens, dem Unterricht an den Realschulen sein von dem gymnasialen etwas verschiedenes Gepräge und wenn man will für diese Seite des Geschichtsunterrichts sogar einen Vorzug gibt, den wir nicht unterschätzen dürfen.

II. Mittelstufe.
(Von Quarta bis Untersekunda.)

Mit den im Vorhergehenden dargelegten oder angedeuteten Kenntnissen und Begriffen und mit dem, was sich an Bildungsimponderabilien der Aneignung dieser Kenntnisse und Begriffe von selbst zugesellt und verbindet, sind die Voraussetzungen für den nunmehr ansetzenden eigentlichen Geschichtsunterricht gegeben. Nicht davon freilich ist die Rede, daß mit dem Glockenschlag 8 Uhr desjenigen Tages, an welchem der Schüler in die Quarta eintritt, die Fähigkeit beginne, mit Nutzen Geschichtsunterricht zu empfangen. Unter den Schülern werden manche sein, die längst zu geschichtlichen Büchern, entweder sehr guten, wie etwa der griechischen und römischen Geschichte von C. L. Roth oder recht zweifelhaften fabrikmäßig und von sehr Unberufenen hergestellten gegriffen haben. Das letztere, die Schädlinge auf unserem Acker, muß man eben hinnehmen, dieses Alter verdaut bekanntlich viel ohne Schaden zu nehmen, und die Zeit ist hoffentlich noch sehr fern, wo auch dies Gebiet, die häusliche Lektüre des Schülers, dem allbezwingenden Schulmeistertum unterworfen wird und der Knabe nichts lesen kann, wobei ihm nicht ein Hofmeister, *il suo pedante* wie die Italiener sagen, über die Schulter blickt. Es handelt sich darum, daß mit der Quarta, dem 3. Gymnasialjahr unter normalen Verhältnissen, die Stufe erreicht ist, wo im Organismus des Gymnasiums der förmliche und eigentliche Geschichtsunterricht, 2 Wochenstunden der Regel nach ansetzen — wo die planmäßige Wanderung durch die 30 letzten Jahrhunderte der Menschengeschichte angetreten werden kann — zum Unterschied von den gelegentlichen Spaziergängen, die man auch seither schon in der Schule oder die der Schüler auch etwa für sich in dieses Gebiet gemacht hat.

Es sind hier einige Vorfragen kurz zu erledigen. Daß die neunklassigen Vollanstalten die Wanderung durch das Geschichtsgebiet so, wie es durch lange Tradition und einigermaßen konventionell abgegrenzt worden ist, zweimal, einmal mit Knaben und dann noch einmal unter den nötigen Modifikationen mit Jünglingen zu machen haben, folgt, wie wir gesehen, unmittelbar aus dem Wesen dieser Anstalten, welche ihre Zöglinge vom Kindes- bis zum Jünglings-, um nicht zu sagen angehenden Mannesalter behalten. Auch sind, soviel wir sehen, die Lehrpläne der verschiedenen Staaten darin einhellig, und wir sehen also von vornherein von allen Vorschlägen ab, welche diese Notwendigkeit einer zweimaligen Wanderung ignorieren und für Prima dann ein Nescioquid von Geschichtsvorträgen, Quellenlektüre und allerlei sonstiger angeblicher Vertiefung verlangen. Das Prinzip der zweimaligen (oder dreimaligen) Lesung ist überall gut, in der Gesetzgebung und im parlamentarischen Leben, wie bei der privaten Lektüre guter Bücher, und der verständige Mensch behält es sein Lebenlang bei: es ist bei diesem Unterrichtsgegenstand ganz besonders einleuchtend und fruchtbar. An den preußischen Anstalten und denen, welche sich ihrer Neueinrichtung angeschlossen haben, wird jetzt die erste Wanderung von Quarta bis Ende Untersekunda, bis zu jener berühmten Ecke gehen, an der die Einen sich rechts und links in die Büsche schlagen, während die Andern den Weg geradeaus bis zum Abiturientenexamen fortsetzen. Diese machen dann in den 3 Jahren, Obersekunda, Unter-, Oberprima den Gang zum zweitenmale.

Eine zweite Vorfrage, die allerdings eigentlich keine Frage, sondern nur ein unsere Zeit und die Lage der Gymnasiallehrer charakterisierendes Kuriosum ist, betrifft das jüngst aufgestellte Problema, ob man die Geschichte mit ihrem (relativen) Anfang oder mit ihrem (relativen) Ende beginnen solle. Der erste, der jene kühne Idee, den Geschichtsunterricht mit der Gegenwart oder allernächsten Vergangenheit zu beginnen und dann rückwärts bis zur Urzeit zu gehen, gehabt und ausgesprochen hat, ist, wie ich aus Mahrenholz Wandlungen der Geschichtsauffassung und des Geschichtsunterrichts (Hamburg 1891 S. 71) lerne, d'Alembert gewesen: in unseren Tagen, wo man an allem Möglichen, nur nicht an sich selber reformiert, hat dieser Gedanke wieder eine flüchtige Aufmerksamkeit erregt, ist aber, sobald er einige didaktische Ungeheuer von Geschichtsbüchern in die Welt gesetzt hatte, wieder verschwunden. Dies ist bekannt: auch daß ein sehr namhafter Kunsthistoriker diese Gedanken halb aufnahm und die Gelegenheit wahrgenommen hat, mehr oder weniger geistreich als amateur über den Geschichtsunterricht zu reden[1]) und den Beweis zu erbringen, daß man heute, sofern man einen Namen hat, über Dinge schreiben darf, von denen man nicht das ABC versteht, und daß man dafür Leser findet, selbst Leute vom Fach findet, die dergleichen ernsthaft nehmen, darüber wieder schreiben und so dem, was bloßes Dilettantengerede ist, zu einer gewissen Bedeutung verhelfen. Wir müssen dies hier erwähnen, weil der Gymnasiallehrer, wenn einer, am Wege baut, und sofern er Geschichtsunterricht erteilt, sogar in besonderem Sinn und oft unter recht erschwerenden Umständen am Wege baut, und also gelegentlich nach dem alten Sprichwort viele Meister, wenigstens viele, welche meistern, hat: wir wollen deshalb nicht verfehlen gleich an dieser Stelle es auszusprechen, daß ein sehr wesentliches Erfordernis des Geschichtsunterrichts auf allen Stufen dies ist, daß der Lehrer, der ihn verwaltet, die innere Unabhängigkeit des Sachkundigen sich erwerbe, bewahre und sie, wo nötig, z. B. dem schnellfertigen Dilettantismus wie der jetzt nicht selten auftauchenden klerikalen Spionage gegenüber auch mannhaft betätige. In weniger grotesker Gestalt tritt der Gedanke gelegentlich und schon im 18. Jahrhundert auf, die sogenannte neuere, neueste, vaterländische Geschichte im Elementar- wie im Unterricht der Oberstufe voraufgehen und ihm die Geschichte des Altertums erst folgen zu lassen, und Karl Peter hat einst jahrelang eifrig dafür gekämpft, daß alte Geschichte eine

---

[1]) Hermann Grimm in der deutschen Rundschau 1891, H. 12.

Hauptaufgabe der obersten Stufe der Prima sein müsse, es ist kein Bedürfnis mehr vorhanden, mit diesen Ansichten sich auseinanderzusetzen, weil überall das richtige dem Begriff Geschichte gemäße sich durchgesetzt hat oder unangefochten geblieben ist.

Man beginnt also mit dem Anfang. Geschichtsunterricht in Quarta ist Geschichte des Altertums d. h. Geschichte der Griechen und der Römer mit Anschluß des wenigen von selbst sich als notwendig Bietenden aus der Geschichte der altorientalischen Völker. Einige wollen, daß ein Überblick über dieses letztere Geschichtsgebiet der griechischen Geschichte vorausgehe, sprechen von der mehr und mehr aufgedeckten Wichtigkeit dieser Geschichte und wittern vielleicht auch hier den augenblicklich so unpopulären Kultus des Griechen- und Römertums. Das aber ist doch wohl unzweifelhaft, daß diese beiden Völker uns, Deutschen, Europäern, mehr bedeuten, als Ägypter oder Assyrer, und daß man folglich, da man in einem Jahr mit 2 Wochenstunden sich haushälterisch einrichten muß, und da ferner man auf dieser ersten Stufe ganz besonders nach einfachen Gruppierungen streben muß, sich mit einer Geschichte jener beiden Völker zu begnügen hat, einer Geschichte, die man nicht erst aus der Erde zu graben braucht, sondern die sich kraft einer niemals unterbrochenen Überlieferung mit unserer heutigen Welt noch berührt. Indes nicht bloß aus diesem mehr oder weniger äußerlichen Grunde, sondern deshalb, weil wir, wir Europäer und Deutsche, mit diesen beiden Völkern auf demselben Boden der Freiheit stehen, dieser geheimnisvollen, auf griechischem Boden zuerst Leben und Wahrheit gewordenen Kraft, — weil wir, kurz gesagt, wir ebenso wie die Griechen und Römer, Occidentalen nicht Orientalen sind: darum sind sie uns, auch unseren Quartanern schon, nicht nur interessanter, sondern auch verständlicher. Gelegenheit, einiges notwendige über jene orientalischen Völker, die ja den Knaben von den biblischen Geschichten her schon nicht mehr völlig fremd sind, beizubringen, bietet sich ungezwungen an verschiedenen Orten, zunächst vor dem Eintritt in die Erzählung der Perserkriege — als Orient und Occident, die persische Monarchie und die Welt der hellenischen Stadtstaaten zusammenstießen, wo man also notwendigerweise etwas von jener großen Monarchie, ihrer Entstehung, ihren Lebensbedingungen sagen muß.

Quarta.

Und nun kämen wir auf die Hauptfrage, die meist, der herrschenden Mode gemäß, in sehr prätentiöser oder preziöser Form gestellt wird: die Frage nach der „Aufgabe des Geschichtsunterrichts" in Quarta. Wir wollen die Frage konkreter stellen: was will oder soll der Lehrer auf diesem Gebiet in dem Jahre, das diesem ersten Gang durch die alte Geschichte gewidmet ist, mit den 20, 30, 40 Knaben, welche die Klasse bilden, in den zwei Wochenstunden, macht zusammen etwa 80 Stunden, tun und erreichen und worauf hat er, nach der Natur des Gegenstands und nach der Natur seiner Schüler, besonders sein Augenmerk zu richten?

Zunächst doch wohl auf den Charakter dieser Klassenstufe und des Unterrichts auf dieser Klassenstufe: den wir dahin bestimmen zu sollen glauben, daß hier, mit diesen im Alter zwischen 11 und 13 Jahren stehenden Knaben, überall aus dem Fragmentarischen heraus und zu größeren Zusammenhängen hin gestrebt wird. Es geschieht im Lateinischen, wo mehr und mehr zusammenhängende Stücke übersetzt werden, ein wirkliches Buch, der Cornelius Nepos oder ein ähnliches, das sich als ein Ganzes gibt, gelesen wird; in der Religion, wo sie das Alte Testament oder ein Lesebuch aus dem Alten Testament, das ganze Bücher desselben oder mindestens größere Abschnitte enthält und sich als ein Ganzes darstellt, in die Hand bekommen; im Deutschen, wo sie die Stücke des Lesebuchs unter gruppierenden, konzentrierenden, gleichartiges zusammenbindenden Gesichtspunkten lesen sollen und wo sie den ersten Flug ins Land der wirklichen mit einigem Recht so zu nennenden Aufsätze wagen: so auch führt ihnen der Geschichtsunterricht jetzt ein zusammenhängendes Ganze, das Leben zweier wichtiger Völker von ihren Ursprüngen bis zu ihrem Untergang oder Übergang in neue geschichtliche Gestaltungen vor.

Und fragen wir nun weiter, ehe wir diesem besonderen geschichtlichen Unterricht mit seinen zwei oder allenfalls wie an den preußischen Realanstalten drei Wochenstunden uns zuwenden, welche bildenden Momente der übrige Unterricht dieser Klasse unter dem besonderen Gesichtspunkt der Entwickelung geschichtlichen Sinnes biete, so werden wir uns begnügen können, darauf hinzuweisen,

daß der Gesichtskreis der Schüler sich am Gymnasium und Realgymnasium erweitert durch Erlernung einer neuen Sprache, der französischen,[1]) und daß es dabei nicht ganz gleichgültig ist, daß diese Sprache sich aus der den Knaben schon bekannten lateinischen Sprache entwickelt hat, wenngleich auf dieser Stufe begreiflicherweise noch nichts weiter als das ganz allgemeine dieser Tatsache erwähnt, nicht aber etwa an zahlreichen Beispielen erläutert und erklärt werden kann und soll;

daß die Kenntnis der lateinischen Sprache, von der wir schon dargelegt haben, daß sie in jedem Wort zugleich Geschichte sei, sich erweitert und vertieft, und die Bildung elementarer geschichtlicher Begriffe, Staat, König, Vertrag, Recht, Bündnis u. s. w. an der Hand eines antiken Schriftstellers von mäßigem, also dem Quartaner zugänglichem Rang, des Cornelius Nepos, ihren ruhigen Fortgang nimmt und vorwärtsschreitet;

daß der Religionsunterricht fortfährt, zugleich Geschichtsunterricht zu sein, sogar jetzt, wo man in einem Bibelauszug größere alttestamentliche Abschnitte liest, erste naive Quellenlektüre wird und daß dieser Unterricht, indem er überall menschliches Leben und menschliches Tun unter dem strengen Gesichtspunkt moralischer und religiöser Beurteilung ins Auge faßt, auch für die Taten und Menschen, die der Geschichtsunterricht vorführen wird, den Schülern einen höheren Maßstab an die Hand gibt;

daß ferner der Unterricht im Deutschen, indem er fortfährt, auf elementare Weise in die deutsche Nationalliteratur einzuführen, oder wie

---

[1]) Das ist für eine Schule, die in die Wissenschaft einführen soll, also das Gymnasium, der naturgemäße Gang und einer der Gründe, die für uns den Lehrplan des Reformgymnasiums unannehmbar machen. Der Anfang des fremdsprachlichen Unterrichts mit dem Lateinischen als der ersten fremden Sprache ist für uns eine Kabinetts-, für das Gymnasium eine Lebensfrage.

wir einfacher sagen könnten, indem er lehrt gute deutsche Bücher mit Verstand zu lesen, die Organe übt und schärft, welche zur Erfassung geschichtlicher Zusammenhänge nötig sind, und

daß endlich, was sich freilich ganz von selbst verstehen sollte, was aber keineswegs immer auf die richtige Art beobachtet wird, Geschichte und Geographie enge und natürliche Verbündete sind.

Die Ehe dieser beiden Wissenschaften kann hier und fernerhin eine sehr glückliche sein, wenn jede, ohne aus ihrer besonderen Sphäre herauszutreten, der anderen die ihr gebührende Ehre und Rücksicht erweist, — die Geschichte also, indem sie hier auf dieser untersten und fernerhin bis zur obersten Stufe die Orte, die sie nennt, stets auch geographisch bestimmt, auf der Karte zeigt oder aufsuchen läßt, — die Geographie, indem sie den Namen, die sie vorführt, womöglich und sobald als möglich durch Hinweisung auf ihre geschichtliche Bedeutung einigen Inhalt gibt: was freilich erst geschehen kann, wenn die Schüler einige Geschichtskenntnisse beisammen haben, was auf der Stufe der Quarta aber wenigstens an den meisten deutschen Anstalten im Prinzip schon dadurch anerkannt ist, daß in den zwei geographischen Stunden die Geographie von Europa, in den zwei Geschichtsstunden die Lebensgeschichte der zwei Völker, welche diesen kulturhistorischen Begriff Europa recht eigentlich geschaffen haben, der Griechen und der Römer, behandelt wird.

Dieser Geschichtsunterricht, diese erste Vorführung eines Volkslebens kann nun für elf- bis zwölfjährige Knaben nur so geschehen, daß man die Geschichte in Geschichten auflöst, in kleine Abschnitte, deren jeder nach Möglichkeit zu einem kleinen Ganzen abgerundet ist: das Pensum also ist Geschichten aus der griechischen, der römischen Geschichte in chronologischer Folge, nicht mehr nicht weniger. Geschichten, nicht Biographien, so wichtig das biographische Moment auch ist: das Gebiet begrenzt sich für die griechische Geschichte mit dem Tode Alexanders des Großen, für die römische mit Augustus und der Schlacht bei Aktium: weder die Diadochen- noch die römische Kaiserzeit kann Gegenstand einer ausführlichen Behandlung für Quartaner sein. Desgleichen wird man es billigen können, daß der preußische und andere deutsche Lehrpläne als Anfangspunkte eingehenderen Unterrichts für die griechische Geschichte Solon, für die römische Pyrrhus bezeichnen; es ist in alten Tagen viel Mißbrauch mit der Pelasgerzeit und der römischen Königszeit getrieben worden. Es ist auch nichts dawider zu sagen, wenn diese Dämmerzeiten wie oben bemerkt, als Bestandteil des deutschen Unterrichts der voraufgehenden Klasse zugewiesen werden: gleichwohl müssen sie in knapper Zusammenfassung auch noch ein Bestandteil des Geschichtsunterrichts der Quarta sein, in dieser kurzen Weise der ausführlicheren Erzählung von Solon und Pyrrhus an voraufgehen.

Man hat nun nicht selten, indem man vom Geschichtsunterricht sprach, eine rein didaktische und eine ethische Seite oder Wirkung unterschieden, und von der Bildung des Herzens, der Phantasie, der Stählung des Willens, der Pflege des vaterländischen, des religiösen Sinnes u. s. w. gesprochen. Die ethische Kraft liegt zunächst im Stoff, und sie liegt weiter in der ihn den Schülern vermittelnden Persönlichkeit und sie liegt drittens hier wie überall in der Pflichterfüllung: das erste ist aber doch hier wie allenthalben auf der Schule das Lernen, — daß die Schüler einen wissenswürdigen Stoff mit der Kraft des Willens, Verstandes und Gedächtnisses sich aneignen. Die Aufgabe des Lehrers ist mithin, seinen Schülern diese Geschichte so vorzuführen,

1. daß sie die wichtigsten Tatsachen mit ihren Jahreszahlen — die wichtigsten, also mit Verständnis — ihrem Gedächtnis einprägen und

2. daß sie mit diesem gelernten Stoff in elementarer Weise operieren lernen.

Zur Erreichung dieses Ziels sind drei Mittel zur Hand: das Lehrbuch, der Lehrvortrag des Lehrers und die Repetition. Von diesen drei Faktoren haben wir mithin zu reden, im wesentlichen nicht bloß auf dieser, sondern auf allen Stufen.

Den Lehrer muß hier ein Lehrbuch unterstützen. Eine bloße Tabelle genügt für diese Altersklasse nicht, weil sie eine solche, sie mag gefaßt sein, wie sie will, noch nicht zu lesen versteht: ein Lehrbuch und eine Tabelle und wenn es auch nur ein sogenannter Kanon wäre, ist vom Übel, weil der Bücherranzen des Schülers und nicht bloß dieser ohnehin schon mit zu vielerlei Büchern bepackt ist. Das Lehrbuch für Quarta ist verpflichtet, auch die Tabelle zu enthalten, d. h. es muß nach jedem längeren Abschnitt in knapper Fassung dessen wichtigste Fakta mit ihren Jahreszahlen geben, damit sie der Schüler lernen kann, und am Schluß des Ganzen diese sämtlichen Fakta und Jahreszahlen in ihrer ersten Fassung zusammengedruckt vorlegen, damit der Schüler den ganzen Ertrag seiner Jahresarbeit vor sich sehe. Im übrigen sind wir nicht gemeint, von den unzähligen Lehrbüchern, die es gibt, eines oder einige insbesondere zu empfehlen.

Ist der Lehrer in der Lage zu wählen, oder ist er in der Lage, ein seiner wohlerwogenen und nicht rasch gefaßten Ansicht nach unbrauchbares, wie z. B. das für mittlere Klassen von Pütz vorzufinden und hat er einen Direktor, der für sachliche Gründe auf diesem Gebiete zugänglich und nicht zu bequem ist, die Umständlichkeiten einer Neueinführung auf sich zu nehmen, so hat er darauf zu sehen, neben den allgemeinen und äußeren Eigenschaften, die jedes Schulbuch haben muß, anständigen Druck und sonstiges anständiges Äußere, daß es a) den Stoff vernünftig einteile, b) daß es nicht zu dick, auch nicht zu dünn sei, mit anderen Worten so viel oder so wenig Stoff enthalte, als sich vernünftigerweise in der gegebenen Zeit $2 \times 40 = 80$ Stunden aufarbeiten läßt, c) daß es nichts geschichtswidriges enthalte und d) daß es berichte, darlege, lehre, nicht erzähle, d. h. nicht dem Lehrer das Beste vorwegnehmen wolle. Es darf nichts geschichtswidriges enthalten — muß also was Sage ist, als Sage, als Poesie geben, bei unsicheren Dingen ein gewissenhaftes „man erzählt" einschieben, muß Sinn dafür zeigen bei der römischen Königsgeschichte z. B., daß hier nicht die mehr oder weniger geschickt zurechtgemachten Erzählungen von den sieben Königen es sind, welche berechtigen, diese Erzählungen auch noch Knaben des 20. Jahrhunderts in einiger Ausführlichkeit vorzuführen, sondern dies, daß diese Erzählungen einst vor 2 bis 3000 Jahren von dem römischen Volk, vornehm und gering, römischen Männern, römischen Frauen und römischen Knaben als Urgeschichte ihrer hochberühmten Stadt felsenfest geglaubt worden sind. Indes meinen wir dies nicht allein. Die Darstellung nicht weniger, um nicht zu sagen der meisten, Lehrbücher zeigt, daß ihre Verfasser nicht recht wissen, was Geschichte ist, z. B. das außerordentlich verbreitete, in seiner falschen Manier auch ganz geschickt gemachte von Welter: sie verfallen entweder wie dieses in den novellistischen oder wie andere in einen rhetorisierenden Ton, und es ist ein gutes Wort — von Niebuhr glaube ich — über die einst vielverbreitete *Histoire Romaine* von Rollin, daß hier Geschichte vorgetragen werde, wie wenn sie nicht wirklich geschehen wäre. Dies allerdings wird besser werden und ist schon, soviel wir sehen oder schließen können, merklich besser geworden: seitdem wir wieder eine Nation im politischen Sinn geworden sind, ist auch etwas von jener ἐξ αὐτῶν τῶν πραγμάτων ἕξις, dem „Geist, der aus den Staatsgeschäften fließt", jenem politischen Realismus also, wie ihn Polybius vom Historiker verlangt, in unseren Geschichtsunterricht gekommen, und etwas von diesem männlichen Geist, diesem πραγματικῆς ἱστορίας τρόπος darf oder sollte auch schon in dem Geschichtsunterricht für Quartaner sein.

Dabei, bei dieser Pragmatik, ist freilich ein Unwägbares, und lehrbar ist sie ohnehin nicht: der andere Punkt d), daß das Lehrbuch nicht erzählen, sondern nur den Stoff darbieten, nur „darstellen" darf, ist leichter zu kontrollieren und leichter klar zu machen. Man stößt immer noch gelegentlich in Rezensionen und sonst auf die Torheit, welche vom Lehrbuch verlangt, was nur der lebendige Vortrag oder das Lesebuch leisten kann: noch jüngst las ich es an einem weitverbreiteten Lehrbuch bemängelt, daß es zwar eine ganz achtbare Leistung sei, aber die Schüler **nicht zu begeistern vermöge**: auch gibt es nicht wenige, welche den trockenen Ton des Lehrbuchs mit Anekdoten, sentimentalen Wendungen, allerlei *Epitheta ornantia* der tapfere Pelopidas, der redliche Phocion u. a. anfeuchten zu sollen meinen. Das ist verkehrt: **langweilig** aber braucht darum ein solches Lehrbuch auch für Quarta keineswegs zu sein, so wenig als es z. B. die Epitomae des Livius sind. Mit Recht rühmt Macaulay in seinem Essay über Goldsmith, daß dieser es verstanden habe, die Inhaltsangaben seiner Geschichtsbücher anziehend zu machen: *In general nothing is less attractive than an epitome: but the epitomes of Goldsmith even when most concise, are always amusing and to read them is considered by intelligent children not as a task, but as a pleasure.* So sollte es sein: das Lehrbuch soll nicht unterhaltend im vulgären Sinne sein, aber die Knaben sollen gern daraus lernen.

Ton und Charakter des Unterrichts aber bestimmt der Lehrer durch seine Auffassung, seinen Vortrag, seine Erzählungsweise, die ihm das Lehrbuch nicht präjudizieren darf. Was diesen Vortrag betrifft, so fehlt es natürlich hier nicht an großen Worten: anschaulich, warm, überzeugend, frei, daß der Lehrer die Ereignisse vor dem Geiste der Schüler aufbaue, daß jede Stunde ein Kunstwerk sein solle u. s. w.: vor diesen großen

Worten ist überall und am meisten im Geschichtsunterricht zu warnen. Sie treiben entweder den angehenden Lehrer in eine falsche rhetorisierende Manier oder sie sind dazu angetan, ihn zu entmutigen, wenn er sich ehrlicherweise sagen muß, daß sein Vortrag jenen großen Worten nicht entspricht. Er mag sich beruhigen: auch sonst, auch bei den Helden jener stolzen Forderungen selbst, entspricht die Wirklichkeit den großen Worten nicht, — was aber von gewissenhaften Lehrern mittlerer Begabung erreicht werden kann und mithin erreicht werden soll, ist folgendes, nicht kleine und auch ausreichende.

Ein im wesentlichen freier Vortrag, der für diese Stufe naturgemäß und durchaus erstrebenswert ist, ist nach einiger Lern- und Übungszeit erreichbar, weil es sich hier nicht darum handelt, eine größere Stoffmasse auf einmal zu bewältigen, sondern nur um Ausführung dessen, was das Lehrbuch — und zwar in mäßigen Absätzen — bietet und weil es dem Lehrer auch nicht verwehrt, noch den Schülern auffällig ist, daß er zuweilen einen Blick in das Lehrbuch tut, wo ihm, was vorkommen kann, der Faden entschlüpfen will. Die erste Bedingung für eine gute Stunde aber und namentlich für eine gute Geschichtsstunde ist ordentliche Vorbereitung und diese ist eine doppelte, — für den Gesamtgegenstand und für die einzelne Stunde. Die erste besteht für den Geschichtsunterricht in Quarta — und nicht bloß, wenn man ihn zum erstenmal verwaltet, sondern auch weiterhin — darin, daß der Lehrer eine gute griechische, resp. römische Geschichte liest oder wiederliest — Eine, nicht sechs —, damit ihm das ganze Gebiet, das er mit seinen Knaben durchwandern soll, vertraut werde, er selbst in dieser Anschauung lebe: hat er Zeit, die er gewinnen kann, indem er die langatmigen Berichte, Gegenberichte, Thesen, Lehrproben u. s. w. einstweilen ungelesen läßt, so lese er für diese allgemeine Vorbereitung eine griechische und eine römische Quelle z. B. den ganzen Herodot und den ganzen Livius, damit ihm jenes Heil widerfahre, von dem dieser, Livius, spricht: *ceterum et mihi vetustas res (de)scribenti nescio quo pacto antiquus fit animus.* Ein erstes Exzerpt, das er sich für seinen Unterricht zurechtmacht, ist aufzubewahren, weil es sich weiterhin nützlich erweisen, durch den Unterricht selbst sich verbessern kann, denn im Ganzen wird man doch sagen dürfen, daß unser Geist niemals mehr in schöpferischer, produktiver Verfassung ist, als beim Lehren. Die Vorbereitung auf die einzelne Stunde geschehe so, daß der Lehrer sich den Gang, den dieselbe nehmen soll, völlig klar und daß er sich zugleich materiell völlig zum Herrn des mäßigen Quantums von Stoff, das in einer Stunde aufgearbeitet werden kann, mache. Ist er so gerüstet, so lasse er, nach der Repetition, von der wir sogleich ein Wort sagen wollen, weiterschreitend das in sich geschlossene Abschnittchen — sagen wir etwa das von König Pyrrhus und dem tarentinischen Krieg — vorlesen, von einem oder zwei Schülern, und dann erzähle er's ausführlicher, so klar, als es ihm Verstand und Sachkenntnis, so anschaulich als es ihm seine Vorstellungskraft und sein Darstellungstalent, so warm, als es ihm sein Herz und das Maß seiner Unbefangenheit, das er bis dahin erreicht hat, gestattet: streben soll er vor allem nach einer einfachen und somit klaren Sprache, und nehme im

Vorbeigehen noch die gute Hausregel mit, welche schon die *Methodus tradendi in scholis historiam* für die germanische Provinz des Jesuitenordens um 1717 enthält: *tarde fiat narratio, ut sequi possint discipuli.*[1]) Der geübtere Lehrer kann es selbstverständlich auch umgekehrt machen, zuerst selbst erzählen, dann das Abschnittchen lesen lassen; an sich ist dies das Bessere, aber es gehört ziemlich viel Übung dazu, geschichtlichen Stoff in der richtigen Fassung den Knaben dieser Klassenstufe vorzuführen, und so habe ich für den Anfänger, dem diese Zeilen doch vor allem gewidmet sind, den ersteren Weg als den richtigeren gefunden. Die geschichtlichen Vorgänge macht man, wo dies nötig und möglich ist, an der (Wand-) Karte deutlich, überzeugt sich, daß die Dinge verstanden worden sind, teils wo der Gegenstand dazu einlädt, durch Wiedererzählenlassen (selten, s. unten), meist durch kurzes Abfragen, auf einfach katechetischem Weg: Nenne noch einmal die Hauptschlachten des tarentinischen Krieges — die Namen der wichtigsten Heerführer und Staatsmänner, die Gegenden wo er ausgefochten worden ist u. s. w. Und hier kann man, aber nicht zu häufig, auch einzelne Verstandesfragen tun — wodurch denn das römische Volk des anfangs siegreichen Königs Meister geworden ist, — warum Hannibal so viel daran gelegen war, die Polandschaft mit seinem Heere zu erreichen — wo eine Landschaft wie etwa Böotien oder Thessalien in der römischen Geschichte eine Rolle spielt, wo die Schüler schon in der griechischen von diesen Landschaften gehört haben? und ähnliche.

In diesem Zusammenhange müßten wir denn nun von der ethischen Wirkung und wiefern der Vortrag des Lehrers auf einen solchen hinzuarbeiten habe, reden. Man hat ja Rezepte veröffentlicht, wie man die 300 Spartiaten bei Thermopylä oder die Athener bei Salamis gesinnungsunterrichtlich zur Erzeugung von Patriotismus verwenden könne und vielleicht daß man in einiger Zeit dahin kommt, auf psycho-physiologischem Wege Geschichtsdaten in patriotische Empfindungen umzusetzen: einstweilen möchten wir dringend vor dieser Behandlungsart warnen. Ein schlimmerer Fehler ist beim Vortrag nicht denkbar, als den Patriotismus oder sonst eine edle Empfindung zu predigen.[2]) Das Schöne großer und erhebender geschichtlicher Vorgänge, wie etwa die Haltung des römischen Senats nach der Schlacht bei Cannä, ist gerade, daß sie sich selber predigen. Herodot sagt von Ephialtes nichts weiter als „der war's, den schreibe ich schuldig, ἀλλὰ τοῦτον αἴτιον γράφω, von Leonidas nichts weiter als ἀνὴρ ἄριστος γενόμενος, sowie Tschudi in seinem *Chronicon Helveticum* von Arnold von Winckelried: „Also was einer von Unterwalden, Arnold von Winckelried genant, ein redlicher Ritter: der sprang für die Ordnung us und umschlug mit sinen Armen ein Teil der Vienden Spiessen: des gab Er sin Leben darumb": und dies wäre das Ideal einer Erzählung — auch und namentlich einer Geschichtserzählung für Quartaner. Es darf nicht wie eine erstaunliche Heldentat nach früherer Manier gepriesen werden,

---

[1]) Monumenta Germaniae paedagogica XVI, S. 107.
[2]) Ganz gut sagt hier die eben angeführte Methodus für die Jesuitenschulen l. c.: *Doctrinas morales e re natas immisceat professor, non multas tamen — — Reflexiones hae ad moralia brevissimae sint, ne concio prodeat loco historiae.*

daß Regulus oder die Gefangenen des Pyrrhus, die unter Eid entlassen waren, diesen Eid auch gehalten haben und zurückgekehrt sind.

Allerdings aber: Eine Regel nach dieser Richtung wollen auch wir aussprechen — der Lehrer erzähle als Mann und nicht als Schulmeister Geschichte, als Patriot, der er hoffentlich ist, und der deshalb auch den tiefen Patriotismus eines Mannes wie Aristides oder Demosthenes begreifen kann, er wehre seiner Begeisterung nicht, wenn sie ihm ungerufen bei Erzählung einer wackern Tat aus der Seele hervorbricht, aber er suche nicht darnach, denn je mehr er nach ihr sucht, um so weniger wird er sie finden. Und noch an eins darf man erinnern: daß erfahrungsmäßig die Schüler dieses Alters nichts lieber haben als (neben den deutschen etwa) die Geschichtsstunden. Diese Stimmung der Schüler, die dem Lehrer bei diesem Gegenstand auf das erwünschteste entgegenkommt, ist ein Kapital, mit dem sich trefflich wuchern läßt, und sie bedarf gar keiner künstlichen Steigerung.

Aus dieser Eigentümlichkeit des Geschichtsunterrichts, seiner Beliebtheit bei den Schülern, die auf Quarta noch ganz ungetrübt ist und bleiben soll, folgt, daß man mit Hausaufgaben sparsam sein muß: weniges, sehr weniges, aber allerdings immer und regelmäßig etwas, sonst ästimiert der Schüler das Fach nicht. Also einfach — lest, was wir heute gehabt, für die nächste Stunde noch einmal in eurem Lehrbuch nach. Eine andere Vorbereitung für die Geschichtstunde als diese Wiederholung des in der vorigen Stunde durchgenommenen gibt es, auf dieser Stufe zum mindesten und selbstverständlich, sollte man denken — nicht.

Dies führt uns auf den dritten Faktor beim geschichtlichen Unterrichte, die Repetition. Das Wiederholen als Hausaufgabe geschieht, wie sich von selbst versteht, genau nach dem Lehrbuche, denn daß auf Quarta beim Vortrag nicht geschrieben wird, darüber braucht nicht besonders gesprochen zu werden, wenngleich das Diktieren auch hier früher seine Rolle gespielt hat. Die Repetition selbst aber ist eine doppelte: 1. Das Wiederholenlassen dessen, was in der Stunde A durchgenommen worden ist, in den ersten 15—20 Minuten der Stunde B: was durch Wiedererzählen, Nacherzählen durch einen oder zwei nacheinander aufgerufene Schüler oder auf dem gewöhnlichen katechetischen Wege durch Abfragen des Tatsächlichen und unter Aufrufen mehrerer Schüler geschehen kann und je nach der Natur des behandelten Stoffes auf die eine oder die andere Weise geschehen muß. Den ersten Perserkrieg z. B. kann man einfach in billig bemessenen Absätzen nacherzählen lassen, weil dies jeder Durchschnittsquartaner zu leisten im stande ist. Die Verhältnisse, die zur Gesetzgebung des Tiberius Gracchus geführt haben, dagegen erzählend wiedergeben, kann kaum der Obersekundaner: hier also muß der Lehrer das wichtigste Tatsächliche abfragen, fragend es wiederholen lassen. Wir haben von einer Reise des Tiberius durch einige Landschaften Italiens ums Jahr 134 erzählt: was hat er hier Besonderes wahrgenommen? welche Schlüsse hat er daraus gezogen? welches frühere Gesetz bestimmte Landverteilung an besitzlose Plebejer? bei wem hat Tiberius mit seinem Gesetzvorschlag Widerstand gefunden? warum? u. s. w. 2. Die zweite Art der Repetition ist die Wiederholung eines größeren, in der dargelegten Weise erledigten größeren Abschnitts, — einer Periode, 500—431 der griechischen, 264 bis 133 v. Chr. der römischen Geschichte etwa. Diese Wiederholung erfolgt regelmäßig am Schluß jedes der Zeiträume, die das Lehrbuch annimmt, so daß der Schüler, namentlich der mit Verstand fleißige, längere Zeit vor sich sieht, in der er sich auf diese unausbleibliche Gesamtrepetition rüsten kann. Vielleicht sind, jenachdem Unterricht und Lehrer waren, deren nicht ganz wenige, die das benützen.

Dies ist der Ort, wo der zweite wichtige Zweck des geschichtlichen Unterrichts — elementares Operieren mit dem gelernten historischen Stoff — in Frage kommt. Ich verstehe darunter die Fähigkeit, das Gelernte in einem anderen Zusammenhang, als in dem es ursprünglich vorgeführt war, zu reproduzieren, so daß der Lehrer z. B. (auf höherer Stufe), wenn der Schüler den ganzen Weg durchgemacht hat, nach der Geschichte Siziliens oder Spaniens oder irgend eines wichtigen geschichtlichen Phänomens allgemeiner Art, worüber wir weiterhin sprechen werden, fragt, seine Fragen unter diesem Gesichtspunkt stellt. Denn diese Aufgabe erhebt sich selbstverständlich auf jeder weiteren Stufe, und früher hat es in Preußen und sonst ein sehr einfaches Mittel gegeben, zu konstatieren, wie weit diese Aufgabe gelöst und das Ziel von den Schülern erreicht war — die mündliche Geschichtsprüfung im Abiturientenexamen. Das ist für jetzt vorüber, man hat hier wie überall bei der Reform das Kind mit dem Bade verschüttet und gegen die juristische Regel einigen Mißbrauchs wegen auch den Gebrauch beseitigt. Die Aufgabe selbst aber bleibt, und man muß damit, mit diesem Anwenden und Verwenden des gelernten Stoffes, weil dies ein wesentlicher Bestandteil jedes vernünftigen Geschichtsunterrichts ist, schon in Quarta beginnen. Man muß es, denn man kann es: man könnte es noch nicht in Sexta oder Quinta und deshalb ist hier auch noch kein Geschichtsunterricht im eigentlichen Sinne möglich. Bei diesen Repetitionen vor allem wird sich die Lehrkunst betätigen können und bewähren müssen. Die Sache selbst aber ist einfach. Den ganzen Zeitraum von 264—146 der römischen Geschichte z. B. kann man als Biographie Hannibals oder des älteren Scipio repetieren, kann diese Lebensgeschichte fragend aufbauen aus dem Material, welches in den letzten 10—12 Stunden, oder 4—6 Wochen in das Wissensmagazin des Quartaners, Abteilung Geschichte, eingelegt worden ist, und in das er noch unmittelbar vor der Repetition, die, beiläufig bemerkt, nicht viel über eine Stunde Zeit beanspruchen darf noch auch nach dieser Methode beansprucht, durch Auswendiglernen der etwa 26 Zahlen dieser Periode Ordnung gebracht hat. Daß hier das biographische Moment ganz besonders fruchtbar gemacht werden kann, leuchtet ein und dies ist der naturgemäße Weg, aus der Volksgeschichte die Lebensgeschichte leitender Männer zu finden, nicht der umgekehrte, der Volksgeschichte die Lebensgeschichte seiner großen Männer unterzuschieben: man lernt eine Stadt nicht kennen, wenn man bloß die Standbilder ihrer großen Männer betrachtet. Es gibt aber natürlich auch gute andere Motive genug, z. B. gelegentlich, gegen Schluß des Kursus, die Zusammenstellung der Geschichte einer Landschaft, Oberitaliens, Siziliens,

Spaniens, Böotiens, Messeniens und wir können hier gleich hinzufügen, daß so betrachtet der geschichtliche Unterricht auch eine ganz ergiebige Fundstätte bietet für die ersten Anfänge des deutschen Aufsatzes, die, wie alle Anfänge zusammenhängenden Arbeitens in diese Klassenstufe fallen. Es ist eine vom Durchschnittsquartaner recht wohl lösbare Aufgabe z. B. eine kurze Zusammenstellung der Geschichte der Landschaft Messenien, wozu man ihm die Seitenzahlen seines Lehrbuchs angeben mag, oder der Stadt Theben, gegründet nach der Sage von Kadmus, zerstört von Alexander dem Großen. Notabene aber: wir meinen dabei nicht eine der sogenannten kleinen Ausarbeitungen des preußischen Lehrplans, bei deren Anordnung ein guter Gedanke wieder ins Maßlose abgeirrt ist, noch weniger eine weitere besondere Leistung für den Geschichtsunterricht, sondern einfach ein Aufsatzthema. Denn wir wollen für den Geschichtsunterricht selbst keine weiteren Aufgaben, keine Klassenarbeiten, keine Geschichts-Extemporalien u. s. w., kein elftes Gebot. Der ruhige Gang, den wir angedeutet, soll ruhig zu Ende gegangen werden.

Aber allerdings bis zu Ende gegangen werden. Dies ist eine wichtige und sehr schwer zu erfüllende Pflicht, weil sie zum Teil doch von Zufälligkeiten abhängig ist: die vollständige Erledigung der Aufgabe, — daß man mit dem Pensum wirklich fertig wird, meinen wir. Dem Universitätsprofessor macht dies Fertigwerden bekanntlich im allgemeinen wenig Kummer, doch soll damit kein allgemeiner Vorwurf gemacht sein, der auch unberechtigt sein würde, und wenn nur das Gegebene gediegen ist, so hat es auch nicht so viel zu sagen: wir Gymnasiallehrer aber, deren Unterricht unter anderen Gesetzen steht, dürfen uns dergleichen nicht erlauben. Der Geschichtslehrer also muß sich bei Zeiten seinen Überschlag machen, und im weitern Fortgang die Rechnung mehrmals prüfen: nicht rasten, damit er gegen Ende nicht zu hasten nötig hat: er soll zwar im Lehrbuch nichts überschlagen, kann aber recht vieles doch kurz behandeln, damit er dieses Lehrbuch wirklich zu Ende bringt und die Schüler, was für unseren zur Wissenschaft erziehenden Unterricht nicht im mindesten gleichgültig ist, auch hier den **Eindruck der erledigten Aufgabe** bekommen.

Man darf — auf jeder Stufe, nicht bloß auf Quarta — diese Pflicht nicht leicht nehmen, schon aus dem einfachen Grunde, weil sie schwer zu erfüllen ist. Der ungeübte Lehrer bleibt leicht hängen, kommt nicht recht vorwärts, weil er die Kunst- oder Handwerksgriffe, die hier notwendig sind, noch nicht recht kennt, und dem älteren geübteren kann dasselbe aus einem anderen Grunde widerfahren: je reicher seine Kenntnisse auf diesem Gebiete werden, namentlich in einzelnen Partien werden, um so viel mehr Schönes hätte er seinen Schülern zu erzählen: und verzichten ist schwer. In so manchen Besprechungen geschichtlichen Unterrichts ist es freilich, als hätte die Theorie gar kein Bewußtsein davon, daß der Tag auf unserem Planeten bloß 24 Stunden und das Jahr bloß 365 Tage hat, von denen noch überdies viele Sonn-, Feier- und Ferientage sind.

Für diesen elementaren und ersten Unterricht in alter Geschichte dürfte nun der Unterschied zwischen Gymnasien und **lateinlosen Schulen** noch nicht allzuschwer ins Gewicht fallen. Die Schüler der letzteren werden sich nicht so sehr einleben können in diese Welt, wie die Gymnasialquartaner, die etwas von ihrer Luft geatmet haben und es ist auch nicht nötig, weil es nicht möglich ist. Sie werden später überhaupt nicht und auch nicht Geschichte studieren, sondern sie sollen sich auf diesem Gebiete nur so weit orientieren, als es im Verkehr gebildeter Menschen heute auch dem Kaufmann, großen und kleinen, allen Angehörigen der vorzugsweise erwerbenden Stände nützlich und notwendig ist. Die alte Geschichte selbst aber wird man diesen Schülern nicht anders vorzuführen haben, als den lateinlernenden. Der große Ringkampf des orientalischen Großreichs und der griechischen Freistaatenwelt in den Perserkriegen, der heroische Kampf eines großen Volks mit einem großen Manne im hannibalischen Kriege, sind für sie nicht minder interessant, bedeuten für sie nicht weniger als für den Gymnasialquartaner und es war in jeder Hinsicht weise gehandelt, daß der neue preußische Lehrplan das Pensum für die verschiedenartigen Schulen deren Klassenstufen in wesentlich gleichen Dosen zugewogen hat. Für den akademisch gebildeten Historiker aber, dem dieser Unterricht an einer lateinlosen Schule vertraut ist, hat die Aufgabe einen besonderen Reiz, griechische und römische Ereignisse, Zustände, Persönlichkeiten solchen Knaben nahe zu bringen, welche von dem unmittelbaren Eindruck dieses Völkerlebens, der aus der Kenntnis ihrer Sprache kommt, nicht berührt werden. Besondere Künste erfordert dieser Unterricht darum doch nicht, sondern nur ein aufmerksames Beachten der Vorstellungswelt, die der Lehrende bei seinen Schülern voraussetzen darf.

Tertia.

Wir glauben bei Besprechung dieser Klassenstufe, der nicht überall in Deutschland das gleiche Pensum zugewiesen ist, wie z. B. der sächsische Lehrplan von 1893 in III^{inf} einen Überblick über die deutsche Geschichte von 1648—1871, in Obertertia den ersten Teil der alten Geschichte, griechische Geschichte bis zum Tode Alexanders des Großen ansetzt, den preußischen Lehrplan von 1901, der in zwei Jahreskursen die deutsche Geschichte bis 1740 vorschreibt, zu Grunde legen zu sollen: er ist der letzte und ist nach sehr reiflicher und vielseitiger Erwägung mit vollem Bewußtsein festgestellt worden. Eine Kritik des Lehrgangs in den verschiedenen deutschen oder anderen Staaten gehört nicht zu unserer wesentlich praktischen Aufgabe, und das Wesentliche dessen was wir zu sagen haben, wird richtig oder unrichtig sein wie immer das Pensum für die einzelnen Klassen fixiert werde.

Vor allem wird der Lehrer auch hier und namentlich hier den Charakter der Klassenstufe, auf welcher er Geschichte lehren soll, sich klar machen müssen. Es sind Knaben zwischen 12 und 15 Jahren, auch einige hängengebliebene 16- oder 17jährige darunter: es ist das vorwitzige, kritische, trotzige Alter, in welchem, um nur ein Symptom anzuführen, das Räsonnieren über den Lehrer mit Macht beginnt, ohne daß dies gerade sehr ernst zu nehmen wäre. Das aber ist sicher, daß diese Klassenstufe ganz besonders des Gegengewichts starker Autoritäten, autoritativer Kräfte bedürftig ist. Nicht bloß der Lehrer oder der Direktor oder die Schule muß ihnen imponieren, sondern schon müssen es die sittlichen Kräfte, die hinter diesen Persönlichkeiten und über ihnen wie über den Schülern stehen. Und unter diesen Autoritäten ist das Vaterländische, das nationale Kraftgefühl, vielleicht mit einem kleinen Beisatz von dem, was man jetzt Chauvinismus oder nationale Hoffart nennt, eine der wirksamsten: sie ist in manchem Betracht bei dieser Altersstufe lebendiger wirksam als die Autorität, welche Religionsunterricht und Teilnahme an kirchlichem Gottesdienst bietet. Der Unterricht als Ganzes muß diesen Knaben starke Anregungen, kräftige Impulse geben, von verschiedenen Seiten auf das eine Ziel hinwirken — dem Zerstreuenden, Zersetzenden, Eigenwilligen was diesem Alter sich andrängt, einen Damm zu setzen und ein Gegengewicht zu geben.

An dieser Stelle — leider nicht· an dieser allein — scheint uns der preußische Lehrplan von 1892 einen starken Rückschritt zu bedeuten, der durch den allerneuesten den von 1901, zwar zum Teil aber keineswegs völlig wieder gutgemacht worden ist. Ich stehe nicht an, den alten preußischen Gymnasial-Lehrplan von 1856, soweit er die Gymnasialtertia betraf und Nb. seitdem die zweijährige Dauer dieses Tertiakurses entschieden war, für das beste und wirksamste Stück Unterrichtsorganisation zu erklären, das ich in den 60 Jahren, über die meine aktive und passive Erfahrung sich erstreckt, gesehen und erprobt habe. Hier griff alles aufs schönste ineinander: an den starken Rückgrat Latein, zehn Stunden, mit seiner Cäsarlektüre, für welchen die damaligen Schüler wirklich so gerüstet waren, daß sie ihn mit mäßiger Hilfe selbst übersetzen konnten, und das Griechische mit der verwandten Anabasislektüre, legten sich die Fächer der Peripherie, Deutsch, deutsche Geschichte, Geographie von Deutschland, sich gegenseitig ergänzend, gegenseitig einander dienstbar; die Schüler wuchsen hinein in die Kenntnis des eigenen Volks, dessen Frühgeschichte sie im ersten Buch des Bellum Gallicum in der kraftvollen Gestalt des Ariovist unmittelbar berührte; sie lernten in der deutschen Lektüre einige unserer großen Dichter und Schriftsteller soweit kennen, wie man am Fuße eines Gebirgs angelangt einige der Hochgipfel schon deutlicher sieht; das Neue Testament gab die religiöse Autorität, die mit dem Vaterländischen sich leicht in einige Beziehung setzen ließ und die in jedem Fall die Anfänge einer tieferen ethischen Auffassung auch der Geschichte begünstigte. Es war die Mitte des Weges durch das Gymnasium, wo gute, reichliche, einfache, aber nicht einförmige Nahrung am nötigsten ist, und was das Beste war, es gehörte keine sublimierte Lehrkunst, sondern nur ein bescheidenes Maß von Einsicht und jenes Pflichtgefühl, das man an unserem Stand nicht vermißt, dazu, jene Zusammenstellung fruchtbar zu machen.

Dieser Organisation, die, denken wir, in ihren Früchten sich bei den Generationen von 1864, 66, 70 und ferner sehr gut bewährt hat, ist ihre Basis, — Eines studierend ergründen, Manches lernen — wir meinen das ernsthafte Selbsterarbeiten gründlicher Sprachkenntnisse in den zwei vorzugsweise hiefür geeigneten Sprachen Latein und Griechisch — so empfindlich geschmälert worden, daß wir für den Erfolg nicht mehr einstehen

können. Wir meinen nicht den späteren Anfang des Griechischen, das
ließe sich ertragen, sondern die Reduzierung des Lateinischen schon von
Sexta an und weiter für Quarta und Tertia von früher zehn auf sieben
Stunden, eine Änderung, für die wir uns vergebens nach irgend einem
Schatten eines vernünftigen Grundes umgesehen haben: in dem Lehrplan
von 1901 ist denn auch beiden wieder eine Stunde, acht statt sieben, zugelegt worden. Auch so ist der jetzige Lehrplan der Tertia in den preußischen Gymnasien erheblich schlechter als früher, weil man den Zweck
zwar festgehalten, aber die Mittel zu kurz zugemessen hat. Die Folgen
werden nicht ausbleiben: für unseren speziellen Gegenstand, den Geschichtsunterricht in dieser Klasse, ist scheinbar nach einer Seite ein Mehr
herausgekommen, indem man für die Untersekunda statt eines Stückes der
alten ein Stück deutscher Geschichte als Pensum bestimmt hat. Die
deutsche Geschichte hat somit jetzt auf den preußischen Mittelschulen drei
statt zwei Jahre, wovon bei Besprechung der Untersekunda noch die Rede
sein muß.

Welche Elemente historischer Bildung, so müssen wir auch hier
zuerst fragen, liefern den Schülern der Tertia die übrigen Unterrichtsfächer? — wobei wir Mathematik und Naturkunde außer Betracht lassen
können.

Eine sehr wichtige Erweiterung des geschichtlichen Gesichtskreises
schafft hier, um zunächst das Gymnasium zu besprechen, die mit Untertertia beginnende Kenntnis des Griechischen, und zwar schon mit der
Erlernung des Alphabets. Für jeden einfachen Verstand ist dies von selbst
einleuchtend. Der Zusammenhang unserer Schrift mit der griechischen ist
auch dem zwölfjährigen deutlich und wenn man ihn daran erinnert, woher
denn die Griechen die ihrige hatten, so wird sein Blick auf einen und
dadurch auf den großen Kulturzusammenhang in der Menschenwelt gerichtet und ein Moment mehr ist gewonnen für die dem Heranwachsenden
allmählich zur lebendigen Wahrheit werdende Erkenntnis von der Menschheit. Lernt er dann seine ersten griechischen Vokabeln, so treten ihm
alsbald solche entgegen, deren Identität mit deutschen und lateinischen
ihm sofort einleuchten und den Gedanken an eine nähere und nächste
Verwandtschaft der drei Völker nahe legen muß: kurzum, eine neue Quelle
geschichtlichen Erkennens beginnt ihm zu fließen, selbst noch ehe er an
die zusammenhängende Lektüre gelangt, die schon auf Obertertia in einer
historischen Quellenschrift ersten Ranges, Xenophons Anabasis, besteht.
Daß der letztere, wie uns dünkt sehr erhebliche Vorteil geschädigt wird
durch die Herabsetzung der Stundenzahl von sieben auf sechs in der
jetzigen preußischen Lehrordnung, leuchtet von selbst ein: wir freuen uns,
daß die sächsische Lehrordnung von 1893, die uns nicht bloß hier auf
richtigerer, und weniger durch heteronome Rücksichten getrübter Beobach-
tung zu beruhen scheint, diesem bedenklichen Vorgang nicht gefolgt ist,
sondern die sieben Stunden für Tertia und Sekunda beibehalten hat.

Im Lateinischen sind die Schüler schon im ersten Jahr, Untertertia, so weit, daß sie Cäsars Bellum Gallicum lesen können: allerdings
wird ihnen in Preußen der Lehrer dabei mehr helfen müssen, als an sich

gut wäre. Es könnte überflüssig erscheinen, weitläufiger davon zu reden, was diese Lektüre für den Geschichtsunterricht — die geschichtliche Bildung der Schüler unserer Gymnasien — bedeutet, wenn nicht viele und auch viele Lehrer bei dem Worte Geschichte immer nur an die gedächtnismäßige Seite des Geschichtsunterrichts, an jenes konventionelle in kurze Kompendien oder Tabellen zusammengezogene, oder in 12-, 18-, 20bändigen Weltgeschichten auseinandergezogene Quantum sogenannter positiver Kenntnisse dächten und meinten, daß es dieser Schatz gedächtnismäßigen Wissens sei, der nach unserer Absicht aus der griechischen und lateinischen Lektüre sich bereichern solle. Wir meinen etwas ganz anderes. Eine Vergangenheit verstehen heißt sie (einigermaßen setzen wir hinzu) als Gegenwart empfinden, sie sich vergegenwärtigen, wie unsere Sprache sehr glücklich treffend sich ausdrückt: und wie wir sagen müssen, daß nur derjenige, der dies vermag, zur Darstellung der Geschichte einer Zeit und eines Volkes befähigt sei, so dürfen wir auch für unsere Sphäre des Gymnasialunterrichts sagen, daß die Schüler nur in dem Maße, wie in ihnen die Fähigkeit sich bildet und wächst, mit ihrer Vorstellungskraft Vergangenes als Gegenwart zu empfinden, wirklich Geschichte lernen. Nun haben wir schon auf der elementaren Stufe gesehen, daß dieses Moment der Vergegenwärtigung schon im einfachen Wort und kleinsten Satze liege: es wirkt, je weiter man in der Erlernung der fremden Sprache kommt, mit um so größerer Stärke und bei dieser Lektüre von Cäsars Bellum Gallicum wirkt es oder kann es mindestens, wenn der Lehrer sein Geschäft auch nur einigermaßen versteht, mit großer Stärke wirken. Denn dieses Buch ist eine Quelle allerersten Rangs — was heißt dies? Es erzählt Selbsterlebtes, führt eine Vergangenheit als erlebte Gegenwart vor und zwar tut dies ein Mann überlegenen Geistes, er selbst der Urheber und Leiter der Taten, die er erzählt: und mithin ist klar, daß, indem der Schüler dieses Buch präparierend, übersetzend, wiederholend — mit einem Worte seinem Verfasser nachdenkend liest, er seinen Inhalt soweit erlebt, als man überhaupt Vergangenes erleben kann. Nur auf diesem Wege werden dem Schüler geschichtliche Dinge lebendige Wirklichkeit. Nehmen wir aus dem ersten Buch die Kapitel 31—54, die Geschichte des ersten oder zweiten großen Zusammenstoßes der römischen und der germanischen Welt, Cäsar und Ariovist. Kein noch so lederner Unterricht und kein noch so stumpfer Sinn des Schülers kann hindern, daß nicht auch diesem Stumpfen folgende wichtige geschichtliche Situationen vor die Seele treten: die sehr besondere Lage Galliens, eines verhältnismäßig hochzivilisierten, von einem minder zivilisierten kraftvolleren Volk bedrohten, in sich nicht einigen Landes; die Persönlichkeit eines interessanten Barbarenfürsten; die theatralische Szene (I c. 32), welche die Sequaner, echte Gallier, echte Franzosen, vor Cäsar aufführen; die Genesis des ersten Zusammenstoßes zwischen Rom und Germanien, die beide verkörpert sind in zwei bedeutenden Männern, in Gestalten, die auch den 14jährigen Knaben in hohem Grade fesseln, Cäsar und Ariovist; die Verhandlungen zwischen beiden, die Panik eines an sich vortrefflichen Heeres, verursacht durch das unbestimmte Grauen, das ein noch unbekannter Feind von ungebändigter Wildheit selbst in tapferen Gemütern erregt; die moralische Macht eines großen Mannes über ein Heer, einige Kenntnis dieses Heeres bis zu der überaus interessanten Zusammenkunft der beiden Männer selbst, wobei ein verständiger Lehrer nicht verschweigen soll, daß c. 44 eines der kostbarsten Kapitel der römischen Literatur für uns Deutsche ist, weil es die erste längere und ernsthafte Rede eines namhaften germanischen Mannes, der doch auch sozusagen ein Deutscher, Fleisch von unserem Fleisch und Bein von unserem Bein ist, ihrem Sinne nach in völlig zuverlässger Weise wiedergiebt: — man würde Seiten füllen können, wollte man darlegen, was an historischem Gehalt diese Kapitel bergen, und auch dem Knabenverstande darbieten. Hier ist Menschenleben, Völkerleben, und diesem Menschen- und Völkerleben stehen die Knaben nicht bloß zuhörend und empfangend gegenüber, sondern sie eignen sich Anschauungen, Begriffe, wirkliche Erkenntnisse an, indem sie deren sprachlichen Widerschein langsam, in Wochen und Monaten, mit eigener Arbeit ergründen und von den Worten zu den Dingen vordringen. Dergleichen läßt sich nicht wägen und nicht messen, es gehört aber, weil es sehr unmittelbar auf diesen wirkt, allerdings in das Kapitel vom geschichtlichen Unterricht, und man kann und muß den jungen Lehrer darauf aufmerksam machen, daß hier mit wenig Kunst, und ohne daß man die berühmten sechs Interessen vor den Wagen zu spannen braucht, mit einfacher Hingabe an den Gegenstand außerordentlich vieles zu erreichen ist, was allerdings keine Zeitung, kein Publikum, vielleicht auch kein Schulrat geschweige die Tagespresse und der grassierende Reformdilettantismus anerkennt, — was aber im Buch des Lebens verzeichnet steht.

Von dem übrigen lateinischen Unterricht auf dieser Stufe, insbesondere dem Übersetzen aus dem Deutschen ins Lateinische reden wir hier nicht und werden uns auch auf der Primastufe darüber kurz fassen. Den Wortführern der gegenwärtig in Deutschland verbreiteten Richtung, die augenblicklich fast einen amtlichen Charakter trägt, ist offenbar der tiefe Zusammenhang nicht mehr deutlich bewußt, der zwischen der Lektüre lateinischer Originalien und dem Versuche selbst in der Sprache dieser Originalien zu denken und zwar nicht bloß retrovertierend und variierend zu denken besteht, und daß der volle, also auch der historische Gewinn aus der Beschäftigung mit einer Sprache nur dann gezogen werden kann, wenn beide Tätigkeiten ineinander greifen und sich gegenseitig ergänzen.

Der größte Teil des Gesagten gilt ebenso vom Griechischen, wo man mindestens im zweiten Halbjahr der Obertertia bis zur Lektüre des 1. Buchs von Xenophons Anabasis gelangt. Sie ist ein außerordentlich wirksames und bildendes Seiten- und Gegenstück zur Cäsarlektüre, und der Gewinn ist natürlich ein doppelter, wenn die eine wie die andere Lektüre in demselben Geist sprachlich-sachlicher Behandlung geleitet wird: es ist hier der Ort, wo man daran erinnern darf, daß der gleichzeitige Betrieb der beiden alten Sprachen, sobald der Geist und die Arbeitskraft so weit erstarkt sind, um dies zu können, einen Gewinn bringt, der sich nicht bloß durch ein einfaches Additionsexempel ausdrücken läßt, und zweitens, daß es hohe Zeit ist, sich deutlich zu machen, daß, seitdem man die griechischen und römischen Schriftsteller auch in unseren Schulen unter dem geschichtlichen Gesichtspunkt liest, sie uns sehr viel mehr sind und werden können, als sie unsern Voreltern im 17. und 18. Jahrhundert gewesen sind. Diese Art des Betriebs, welcher das Bellum Gallicum oder die Anabasis als Originalquellen, als Dokumente einer interessanten Wirklichkeit lesen heißt, ist allerdings noch nicht völlig durchgedrungen: die eigentlichen Stockphilologen sträuben sich noch etwas dagegen und fürchten davon ich weiß nicht was? für ihre grammatische Gründlichkeit. Nach und nach wird sich, sofern es dem Barbarentum nicht gelingt uns ganz um das Griechische zu bringen, doch die Erkenntnis aufzwingen, daß es der sprachlichen Gründlichkeit keinen Eintrag tut, wenn man durch sie zum Sachlichen vordringt und wenn so eine Seite von der anderen, diese von jener, jene von dieser Licht empfängt, und daß es auch nicht mehr Zeit kostet, diese Schriften als Denkmale wichtiger Menschengeschicke zu lesen, als man früher brauchte, um sie als Anwendung und Bestätigung grammatischer oder stilistischer Wahrheiten zu lesen. Noch möchten wir bemerken, daß eine und eine sehr wesentliche Seite des geschichtlichen Lebens und seiner Betrachtung — das Ineinander und Nebeneinander des Größten und des Kleinsten, des Erhabenen und des Trivialen, eben bei solcher Lektüre am besten zu ihrem Rechte kommt. Es ist sicher nichts Kleines, auch für die Geschichtserkenntnis und Geschichtsauffassung nichts Kleines, wenn im Laufe dieses ersten Buchs der Anabasis unsere 13-, 14jährigen Knaben an die Stelle kommen I 7, 3, wo der hochintelligente Barbarenfürst, der im Mittelpunkt der Erzählung steht, Kyros, die Strategen und Lochagen seiner Söldnerregimenter auf ihre hellenische Eleutheria aufmerksam macht, deren eigentliches Wesen ihm, wie er klar genug andeutet, verschlossen war, und in kraft deren er doch diese hellenischen Söldner jeder zehnfachen Zahl barbarischer Truppen überlegen sah. Es ist dieselbe Kraft der Freiheit, welche einst auch seine, des jetzigen Tertianers, Stärke ausmachen wird: aber auch in sehr viel einfacheren und elementareren Dingen — dem Tagesleben eines marschierenden Heeres z. B. ist der Wert dieser Lektüre für die Förderung geschichtlicher Erkenntnis sehr groß. Der Lehrer kann hier überall auf eine sehr einfache Weise ein sachliches Interesse erwecken, das ganz unmittelbar auch der sprachlichen Seite zu gute kommt, z. B. das militärische, indem er auf seinem Wege durch dieses erste Buch der Anabasis die Ausdrücke sammeln läßt, welche sich auf das Kriegs- und Heerwesen beziehen: ebenso, wie er dies mit den römischen in der Cäsarlektüre tun kann.

Eine auch nur annähernde Bereicherung des historischen Sinns gewährt keine moderne Sprache, also auch die französische nicht, und sie ist auch nicht dazu da. Den Realanstalten wird sie kraft ihrer reichlicheren Stundenzahl und weiterhin ihrer Verbindung mit dem Englischen etwas von dem bieten können, was Latein und Griechisch den Schülern des Gymnasiums bietet auch hinsichtlich der Erweiterung des historischen Horizonts — etwas, aber nicht viel und das ist ja auch nicht ihr Hauptzweck. Die Lektüre in dieser Sprache bewegt sich und mit Recht auf modernem oder allenfalls auf mittelalterlichem Boden: wir würden auf dieser Stufe keinen oder nur sehr spärlichen antiken Lehrstoff im französischen Lesebuch wünschen, da griechische und römische Geschichte in dem französischen Gewande und zwar nicht bloß von Rollin oder Chateaubriand, sondern selbst von Michelet und Guizot vorgeführt, den Gymnasialschüler sehr fremdartig anmutet und sogar bei manchen eine Art sehr unberechtigten Widerwillens gegen das Französische nährt. Auf dieser Klassenstufe tritt ohnehin der Unterschied des deutschen und des französischen Geistes sehr stark ins Bewußtsein des Knaben und der Lehrer des Französischen hat, und auf dieser Stufe schon, sogar die Nebenaufgabe, einem gewissen Chauvinismus entgegenzutreten, indem er die Vorzüge der französischen Sprache und des französischen Geistes zur Geltung bringt. Daß mittelbar auch die fortschreitende Kenntnis des Französischen den geschichtlichen Sinn fördert, weil sie den Gesichtskreis erweitert, am Modernen das Antike, am Fremden das Eigene und umgekehrt messen lehrt, bedarf keiner weiteren Ausführung. Man darf an seiner Stelle den Bildungswert des Französischen nicht gering anschlagen — es ist in der Tat zu etwas Besserem da, als die Schüler über eine Reise von Berlin nach Potsdam, oder von Mainz nach Köln oder über den Speisezettel des Tages plaudern zu lehren.

Ganz besonders wichtig und fruchtbar auch unter dem besonderen Gesichtspunkt der Förderung geschichtlichen Sinnes ist nun auf dieser Stufe, Unter- und Obertertia, der deutsche Unterricht — die deutsche Lektüre nämlich, die zunächst noch an ein Lesebuch gebunden gegen Ende des Kurses doch auch schon dramatische Stücke in ihren Bereich zieht — Uhlands Dramen, etwa Herzog Ernst, Körners Zriny, Kleists Prinz von Homburg, auch Goethes Götz von Berlichingen, den wir als ein derbnaturalistisches Stück für diese Altersstufe (Obertertia) Schillers Tell, der uns für diese Klasse eigentlich noch zu Schade ist, vorziehen würden. Das vielgebrauchte Wort allerdings, daß das Deutsche im Mittelpunkt des gesamten Unterrichts zu stehen habe, können wir uns nicht aneignen: das kann man ebensowenig sagen, als daß die Luft, die wir atmen, im Mittelpunkt unseres Lebens stehe. Es ist also viel mehr als der Mittelpunkt: wir reden aber hier allein von den lehrplanmäßigen deutschen Stunden, und zwar den Lektürestunden. Diese — das Lesebuch — führen den Knaben tief in das Leben unserer Nation ein: hier scheint uns die Stufe gekommen, wo die altnordische wie die mittelalterlich-deutsche also die germanische Sagenpoesie — alles, was die Phantasie unseres Volkes eigenartig beschäftigt hat, selbst der Reinecke Fuchs oder das fromme Kind Eulenspiegel in seinen Gesichtskreis treten müssen; er erfährt bei modernen Stücken etwas von den Lebensschicksalen ihrer Verfasser, es berührt ihn die reiche Ideenwelt, die unserer Nation seit 1748 aufgegangen, deren ragende Gipfel, Goethe, Schiller, ihn schon aus deutlicherer Nähe grüßen: und wenn wir den früheren preußischen Lehrplan für diese Klasse, den vor 1882, 1892 und 1901, ein Meisterstück nennen mußten, das wenigstens in diesem Punkte ziemlich unversehrt geblieben ist, so meinen wir vornehmlich dies, daß deutsche Geschichte in ausreichender Zeit in dieser Klasse gelehrt und zwischen diesem und dem speziell sogenannten deutschen Unterricht ein fruchtbares Herüber- und Hinüberwirken nicht nur didaktisch empfehlenswert, sondern von selbst schon, gewissermaßen als ein Geschenk der Natur gegeben und da ist; selbst dann da ist, wenn der deutsche und der geschichtliche Unterricht in den Händen verschiedener Lehrer sein sollte. Nun ist der deutsche Unterricht allerdings mehr noch als jeder andere von der Individualität des Lehrers, seinen Neigungen, seinen Studien, dem Kreis seiner Lektüre abhängig und es kann dieser Unterricht bekanntlich auf sehr verschiedene Weise gut und auf sehr verschiedene Weise schlecht gegeben werden: auch möchten wir nicht dahin mißverstanden werden, als wenn der Lehrer, selbst derjenige Lehrer, der an sich dahin neigt, alle Dinge in die geschichtliche Beleuchtung zu rücken, künstlich irgend eine direkte Beziehung zwischen diesem Unterricht und dem geschichtlichen aufsuchen und z. B. wenn er im Geschichtsunterricht bei Karl dem Großen angelangt ist, nun flugs alles, was sich im Lesebuch an Sagen und Gedichten auf diesen Heros bezieht, lesen lassen müßte. Ganz und gar verwerfen wir es, wenn solche sogenannte historische Gedichte unmittelbar und gar systematisch dem geschichtlichen Unterricht einverleibt werden wollen: das ist nichts weniger als Konzentration des Unterrichts und wirkt ebenso oft zerstreuend als sammelnd. Auch ist es ganz und gar nicht notwendig. Die deutsche Lektüre, meinen wir, fördert an ihrem Teile kräftig geschichtlichen Sinn und geschichtliches Verständnis, indem sie den Knaben tiefer ins Menschenleben hineinführt und ihm eine höhere und vielseitigere Auffassung dieses Menschenlebens vermittelt; sie führt ihm deutschen Sagenstoff, schöne deutsche Prosa, edle deutsche Poesie vor und erweckt ihm dadurch eine Ahnung von dem, was unsere Nation für die Entwickelung der Menschheit bedeutet: dies alles verbindet sich ungesucht und von selbst mit der Unterweisung in der Geschichte des eigenen Volks und fördert dadurch das nationale Empfinden. Weder hier noch im Geschichtsunterricht brauchen wir Tendenz: am schönsten wäre es, wenn der Lehrer so ganz patriotisch, so ganz national, so ganz vaterländisch gesinnt wäre, daß er selbst es gar nicht merkte: dann würden die Schüler am meisten davon mitbekommen, und vielleicht kommen wir einmal soweit, — oder zum mindesten so weit, daß man nicht bei jedem Wort noch das Epitheton national hinzuzusetzen braucht.

Eine ähnliche Bewandtnis wie mit dem Deutschen hat es, was die Beziehung auf die Voraussetzungen des Geschichtsunterrichts betrifft, mit dem Religionsunterricht. Wir haben dieses Verhältnis zwischen Religions- und Geschichtsunterricht schon bei Besprechung der seitherigen Stufen angedeutet: für die Tertia, Unter- und Ober-, würden wir anders als der preußische Lehrplan von 1892 und 1901 und einige andere, die uns die psychologischen Voraussetzungen der verschiedenen Klassenstufen nicht genugsam zu berücksichtigen scheinen, nur neutestamentliche Lektüre nehmen: wir würden nur das Neue Testament und etwa die Psalmen auf dieser Stufe in die Hände der Schüler legen, — oder einen passenden Bibelauszug, wie etwa die sogenannte Bremer Schulbibel. Das eine Jahr würde dem Leben Jesu unter Zugrundelegung von einem der drei synoptischen Evangelien, das zweite dem ersten Wachstum der Gemeinde, dem apostolischen Zeitalter gewidmet sein. Es gilt hier ganz dasselbe wie auf Sexta und Quinta: je mehr dieser Unterricht das religiöse Interesse und Bedürfnis befriedigt, desto besser wird für die Ausbildung des geschichtlichen Sinnes der Schüler — ihrer Befähigung zu tiefer und ernster Auffassung des Menschenlebens gesorgt sein: wie umgekehrt, je mehr der Lehrer den Religionsunterricht als Geschichte, Wirklichkeit, Leben darbietet, desto besser wird er für die Entwickelung des religiösen Sinnes sorgen. Der Begriff Menschheit, erinnerten wir oben, ist ein religiöser, ein Glaube, er setzt den der Gottheit mit Notwendigkeit voraus: diese Begriffe müssen dem, der Geschichte studieren — studieren lernen will — zur Wahrheit werden, und in der Tat kann man in den zwei Jahren Tertia diesem Ziele um ein gutes Stück näher kommen.

Wenden wir uns nun von den Zuflüssen zum Hauptstrom, von dem was an geschichtlichen Anregungen die übrigen Unterrichtsfächer den Schülern zuführen, zum eigentlichen Geschichtsunterricht, so müssen wir dabei Geschichte und Geographie zusammennehmen, wie dies auch der preußische Lehrplan und die meisten anderen wenigstens in dem den einzelnen Fächern vorangedruckten Gesamttableau tun, wenn jener gleich den Geographen zu liebe in dem den einzelnen Fächern vorgedruckten Gesamttableau den früher üblichen Bindestrich sorgfältig meidet und äußerlich der Geographie die Selbständigkeit wahrt. Und darüber sollte kein Zweifel sein, daß, wenn das Geschichtspensum der Tertia die deutsche Geschichte ist, und das geographische Pensum der Quarta Europa außer Deutschland gewesen ist, das Geographiepensum für Tertia nur die Geographie von Deutschland sein kann. Die Bestimmungen des preußischen Lehrplans von 1892 hinsichtlich dessen, was er dem allgemeinen deutschen Sprachverein zulieb Erdkunde nennt, begreifen wir nicht recht. Er gab als Pensum der Untertertia an erster Stelle „Wiederholung der politischen Erdkunde Deutschlands" und desgleichen für Obertertia „Wiederholung der physischen Erdkunde Deutschlands": was fast wie ein Schreibfehler oder wie ein Redaktionsfehler aussieht. Denn das ist doch wohl klar, daß die umgekehrte Ordnung die natürlichere ist: daß die politische Geographie um so fruchtbarer wird „wiederholt" werden können, je besser die Schüler in der Geschichte des Landes orientiert sein werden, und ebenso, daß die physische Geographie überhaupt vorangehen muß. Sie wird also das Pensum der Untertertia bilden müssen. Zu „wiederholen" wird es freilich, nach dem, was wir oben zum Quintaunterricht bemerkten, nicht viel geben, denn in Quinta ist nicht viel gelernt und sehr wenig behalten worden: man wird so ziemlich von vorne anfangen müssen. Der preußische Lehrplan fügte hinzu: für Untertertia — physische und politische Erdkunde der außereuropäischen Erdteile außer den deutschen Kolonien; für Obertertia Erdkunde der deutschen Kolonien. Dies wäre demnach das Hauptpensum — außereuropäische Erdteile und deutsche Kolonien. Wie man aber diese letzteren, die denn doch in ein paar Stunden für Tertianer abgemacht werden können, zum Hauptpensum der Obertertia machen und sie als Appendix der physischen Erdkunde Deutschlands behandeln oder bezeichnen konnte, während sie doch offenbar einen Bestandteil der politischen Geographie Deutschlands bilden, ist uns unverständlich, wie diese ganze Anordnung. Sie konnte so nicht bleiben, ohne Verwirrung anzurichten: wir werden sagen müssen und sind überzeugt, daß dies sich von selbst so machen wird, daß das Deutsche Reich, physisch und politisch, das Hauptpensum der Tertia in ihren zwei Jahreskursen bildet, die deutschen Kolonien dabei notwendig mit zur Sprache kommen müssen, und dies nicht fruchtbar geschehen kann, ohne eine Repetition der physischen und politischen Geographie der außereuropäischen Erdteile, welche der Schüler zuerst in Sexta und Quinta einigermaßen kennen gelernt hat. Der Lehrplan von 1901 hat dies denn auch wesentlich modifiziert. Er nimmt als Pensum der Untertertia „Länderkunde der außereuropäischen Erdteile; die deutschen Kolonien" und als Pensum der Obertertia: Wiederholung und Ergänzung der Landeskunde des Deutschen Reichs: wir werden die Ordnung umkehren und von den zur Verfügung stehenden zwei Jahren der Landeskunde des Deutschen Reichs den Löwenanteil, 1½ Jahre zuweisen, die Landeskunde der außereuropäischen Erdteile müßten sich mit dem zweiten Halbjahr Obertertia begnügen. Daß Geschichte und Geographie vor allem hier aufs engste zusammengehören, bedarf keines Wortes: man kann aber auch die Verbindung zu enge machen. Theoretisch würde es sich sehr gut anhören (und von geschickten Lehrern ist es auch durchgeführt worden):

Erstes Jahr: Einleitung (in allen drei Stunden): Physische Geographie von Deutschland. Alsdann (ebenso) deutsche Geschichte bis 1648.

Zweites Jahr: Einleitend: brandenburgisch-preußische Geschichte bis 1648; deutsche Geschichte bis 1871; und Schluß (in allen drei Wochenstunden): politische Geographie von Deutschland.

So würden wir disponieren, wenn wir in vierstündigem akademischem Kolleg Vaterlandskunde zu behandeln hätten: für die Schule aber ist es nicht zu empfehlen. Hier ist eine der drei Wochenstunden resp. sind an den Realanstalten deren zwei von den vier für einen fortlaufenden in sich zusammenhängenden geographischen Unterricht auszuscheiden, wobei dann im allgemeinen der Untertertia die physische, der Obertertia die politische Geographie zufallen wird. Dem reinen Geschichtsunterricht bleiben dann zwei Wochenstunden, zwei Jahre lang.

Man hat früher, vor 1892 für Preußen, über diese zwei Jahre so verfügt, daß man der Untertertia die mittelalterliche Geschichte, von 476—1517 n. Chr. etwa, und von der neueren noch das Stück 1517—1648 zuwies, in Obertertia dann als Einleitung die brandenburgisch-preußische Geschichte bis 1648, bis zum westphälischen Frieden gab, und dann die Geschichte der letzten 250 Jahre ausführlicher erzählte. Wo dies noch statthat — die deutsche Geschichte also auf der Mittelstufe nur über zwei Jahreskurse verfügt, da muß freilich die mittelalterliche Geschichte sehr gesichtet und kondensiert werden, dagegen aber bemerken wir ausdrücklich, daß wir die brandenburgisch-preußische Geschichte (Einleitung 2tes Jahr) bis 1648 auf sächsischen, bayerischen, württembergischen Gymnasien ganz genau ebenso, quantitativ und qualitativ, behandeln würden, wie auf preußischen, und fügen bei, daß diese Ansicht in der Berliner Konferenz von 1873 durchaus Zustimmung gefunden hat. In

Preußen ist nun aber durch den Lehrplan von 1892 bekanntlich der Untersekunda die alte Geschichte genommen, und dieses Jahr der deutschen zugelegt worden, so daß der Unterricht sich seitdem auch nach dem Plan von 1901 folgendermaßen gestaltet:
Erstes Jahr (Untertertia): Deutsche Geschichte bis 1517 (Mittelalter). Zweites Jahr (Obertertia); von 1517—1740. Drittes Jahr (Untersekunda): 1740—1871 (resp. 1888).
Wir legen diesen Plan zu Grunde, sprechen aber von der Untersekunda besonders.

Für die Untertertia bedeutet er die Möglichkeit einer vergleichsweise ausführlichen Darstellung der älteren und mittelalterlichen deutschen Geschichte: auch so wird der Lehrer allerdings vorher sich seinen Plan machen und seine Auswahl zu treffen haben, welche Partieen er mit einiger Ausführlichkeit behandeln, welche er mit knapper Beschränkung auf das unerläßlichste Tatsächliche durchnehmen will. Wir unterscheiden auch hier wieder Lehrbuch, Vortrag und Repetition.

Vom Lehrbuch gilt, was wir schon oben bemerkten: es soll in einfacher Sprache, sachlich, tatsächlich, sozusagen geschäftlich gehalten, braucht aber darum nicht trocken, zum mindesten nicht langweilig zu sein. Sehr viele unserer Lehrbücher sind in ihrer Darstellungsweise ein unglückliches Mittelding zwischen Chronik und Lesebuch, können sich nicht enthalten, von Zeit zu Zeit in ein patriotisches oder religiöses Pathos zu verfallen, während ihre Aufgabe doch allein die ist, der Repetition, der Einprägung des Tatsächlichen zu dienen, — dem Schüler in der Stunde eine Stütze zu sein, und zu Hause von ihm nach und nach, in steter Fühlung mit dem Unterricht in der Klasse durchgearbeitet zu werden. Vor allem muß es genau und reichlich datieren. Auf dieser Stufe ist es von großer Wichtigkeit, was unserer Wahrnehmung nach nicht selten vernachlässigt wird, den Sinn für das Chronologische, den geschichtlichen Zeitsinn auszubilden, die Zahlen einigermaßen denkend betrachten zu lehren; in dieser Hinsicht muß ihm das Lehrbuch alles bieten, und auch für diese Stufe müssen wir ein zweites Hilfsmittel neben dem Lehrbuch, Tabelle oder Kanon also, ablehnen. Auch einen historischen (Schul)Atlas, deren wir ja jetzt billige und gute haben (Putzger z. B.), halten wir noch für überflüssig, versprechen uns überhaupt auf dem Gymnasium davon nicht allzu viel: für das erste Tertiajahr mindestens genügt eine gute Wandkarte von Europa, selbst eine physische, sofern die wichtigsten Namen auf ihr markiert sind. Zur Erläuterung der Erzählung, des erzählenden Vortrags des Lehrers wenigstens braucht der Schüler nicht mehr, und es fragt sich immerhin, ob nicht der Schüler auch dies hier lernen kann und soll, mit seiner Vorstellungskraft die Karte des heutigen Deutschlands, die er in seinem gewöhnlichen Atlas vor sich hat, sich in die von 1815 oder 1740 umzudenken: nb. aber, was man so häufig vergißt, er kann es noch nicht, er soll es erst, und sehr allmählich, lernen. Alle Anschauungsmittel in allen Ehren, aber man kann des Guten auch zu viel tun, worüber wir unten noch ein ernsthaftes Wort sagen müssen. Die Benützung des Lehrbuchs wird im wesentlichen dieselbe wie in Quarta sein.

Der Abschnitt des Lehrbuchs wird, jetzt von einem Schüler, was in jedem Fall genügt, vorgelesen, dann erzählt der Lehrer mit derjenigen Ausführlichkeit und demjenigen erquickenden Detail, das ihm sein Takt und seine Sachkenntnis an die Hand gibt; den in der Stunde vorgekommenen durchgenommenen Abschnitt oder die Abschnitte liest der Schüler zu Hause durch und merkt sich das Tatsächliche so, daß er dem abfragenden Lehrer in der nächsten Stunde davon Rechenschaft ablegen kann; keine schriftlichen Notizen des Schülers auf dieser Stufe. Etwas höher gehalten muß natürlich das Lehrbuch für Tertia sein, als das für Quarta. Hier zerfiel es innerhalb einer Haupteinteilung (Periode) in einzelne abgerundete Geschichten, auf Tertia gliedert es sich sachlich, primitiv-wissenschaftlich, in Abschnitte. Denn hier auf Tertia dämmern dem Schüler die Anfänge der Dispositionskunst. Noch bemerken wir, daß der Lehrer hier dem Lehrbuch gegenüber etwas freier steht: daß er jedesmal den betreffenden Abschnitt des Lehrbuchs vorlesen läßt, ehe er ihn selbst im Detail behandelt, wie wir im allgemeinen noch für Quarta raten zu müssen glaubten, ist hier nicht mehr unbedingt notwendig: er kann das letztere zuerst tun und jenes hochdaherfahrende Wort wahr machen, daß man die Ereignisse, Persönlichkeiten u. s. w. vor dem Geiste des Schülers aufbauen müsse, dann erst den Abschnitt im Lehrbuch als die Zusammenfassung des Gesagten vorlesen lassen, und alsdann weitergehen: den Charakter der Stunde bestimmt er, der Lehrer und sein Lehrvortrag, und nicht das Lehrbuch. Es ist darum nicht überflüssig, soll auch keine Nebenrolle, sondern eben seine, des Lehrbuchs, besondere Rolle spielen.

Für diesen Lehrvortrag nun alle möglichen Tugenden zu postulieren, wäre sehr leicht: um so leichter, da dieser Vortrag ebenso schwierig, ja in seiner Art schwieriger ist, als der akademische. Eine Tugend aber soll er vor allem und soll er mit diesem, dem akademischen und jedem anderen Geschichtsvortrag gemein haben, — strenge Wahrhaftigkeit. Es ist das A und das O des Geschichtsunterrichts, daß er die Dinge vorführen soll, die geschehen sind und wie sie geschehen sind. Nun ist hier die Geschichte des eigenen Volkes, es ist vaterländische Geschichte der Gegenstand und manche meinen demnach an Pathos ein übriges tun zu müssen. „Freue dich, deutsche Jugend, dankbar freue dich deines teuren Vaterlandes! denn beschieden ist dir, was lange der Väter frommer, heißer Wunsch war: ein Deutsches Reich, einig nnd doch vielgestaltig im Innern, mächtig nach außen, ein Hort des Friedens und der Gesittung für die Völker der Erde" beginnt ein „Lehr- und Lesebuch der Geschichte von der Gegenwart bis auf Karl den Großen": wie schön muß da erst der Vortrag sein! Wir möchten bezweifeln, ob damit viel Patriotismus erzeugt wird, umsoweniger, da es gar nicht wahr ist, daß das alles so schlechthin „der Väter" heißer Wunsch war, von denen sich vielmehr ein guter Teil sehr eifrig gegen diese Entwickelung zur Wehre gesetzt hat — und wenn je, so würden wir auf die so erzeugte Sorte nichts geben. Der Lehrer, der den schweren Ernst des Lebens einer großen Nation, wie die unsrige ist, erfaßt hat, der wird allerdings im tiefsten Innern freudig gestimmt sein, daß er an bescheidener aber sehr wichtiger Stelle an diesem

Großen mitbauen darf, er wird mit Freude, ja mit Vorliebe das Schöne, Tüchtige, Große, das in und an diesem unserem Volke geschehen, hervorheben, aber er wird auch das Gewaltsame, Niederträchtige, Barbarische nicht verschweigen dürfen, und wenn es zehnmal deutsch war. Z. B. hat man früher noch unter dem Einfluß des Teutonismus der Burschenschaftstage sich darin gefallen, unsere Altvorderen als Ausbund aller Geradheit und Biederkeit zu preisen. Dies ist unpatriotisch, weil es nicht wahr ist. Man darf an den Germanen der Urzeit alles rühmen, was Tacitus, der sie bekanntlich idealisiert, ihnen nachgerühmt hat, im Gegensatz zu den Lastern der Überzivilisation, aber man darf, auch dem Tertianer, nicht verschweigen, daß sie so gut wie andere Barbaren auch einige der Laster des Barbarentums an sich hatten: nicht bloß jene rachsüchtige Grausamkeit, von der Tacitus Ann. I, 61 bei Gelegenheit der Funde auf dem Schauplatze der Varusschlacht erzählt, sondern auch dasjenige Gegenteil von Biederkeit, das Vellejus Paterculus II, 118 bei Gelegenheit des varianischen Unglücks hervorhebt: *At illi, quod nisi expertus* (der er selber war) *vix credat, in summa feritate versutissimi natumque mendacio genus, simulantes fictas litium series et nunc provocantes alter alterum injuria, nunc agentes gratias, quod ea Romana justitia finiret feritasque sua novitate incognitae disciplinae mitesceret et solita armis discerni jure terminarentur, in summam socordiam perduxere Quintilium* —, ein Verfahren, das nicht selten in patriotischer Schönfärberei als höchst preiswürdige Kriegslist erscheint, so wie manche Lehrbücher es fertig gebracht haben, unserer Jugend aufzureden, daß Friedrich der Große eigentlich doch ein ganz guter Christ gewesen sei. Ich weiß nicht, ob es so ganz wahr ist, daß unser Volk von nationaler Eitelkeit frei sei: das aber weiß ich, daß ein gesundes Volk wie ein verständiger Mensch die Wahrheit muß vertragen können: eine der Arten aber, und vielleicht die wirksamste, einem Volke die Wahrheit zu sagen, ist der Unterricht in der vaterländischen Geschichte, den man der Jugend seiner leitenden Klassen erteilt.

Dies vorausgeschickt aber müssen wir es als einen Vorteil erkennen, daß wir für diese Klasse, Untertertia, das sogenannte Mittelalter zur Verfügung haben, dessen Gestalten und Einrichtungen und hervorragende Ereignisse von selbst einen gewissen romantischen Reiz haben, namentlich für die Knabenjugend, der noch die Organe fehlen oder nicht geschliffen sind, um diese Zeiten realistisch aufzufassen. Dies gilt vor allem von den Königsgestalten, Konrad I. z. B., den Ottonen, namentlich dem zweiten und dritten, aber auch noch von den Staufern: das Bild wird stark idealisiert sein, weil uns dieses Leben, diese Vergangenheit allzu fremd geworden und fast nur von sehr mangelhaften Darstellern überliefert ist: selbst uns Erwachsenen geht es nicht viel besser, auch wenn wir viel Quellenmäßiges oder eine so detaillierte Geschichtsdarstellung wie die 7 Bände von Giesebrecht gelesen haben. Immerhin aber ist das Persönliche am meisten realistisch und so muß dies auch in den Vordergrund treten. Das Persönliche nicht das Biographische: wir würden deshalb dem Lehrer raten, nach diesem Prinzip — wo läßt sich der Gang der Ereignisse und was von Zuständlichem in die Darstellung verwoben werden kann, an bestimmte Persönlichkeiten anlehnen und dadurch beleben, deutlich machen, vergegenwärtigen? — seine Auswahl zu treffen. Denn den Grundsatz selbst, daß man schlechterdings auf die konventionell-gleichförmige Behandlung des Stoffes verzichten muß, weil dieser Stoff zu umfangreich geworden ist, muß sich der Lehrer auf dieser Stufe völlig klar machen. Der Lehrer muß sorgfältig mit klarem Bewußtsein unterscheiden, wo nur das Daß des Geschehenen vorgeführt, in einigen „möglichst" klaren Punktationen festgestellt und eingeprägt, und wo auch das Wie des Geschehenen erzählt, in etwas breiterer Darstellung mit so viel charakterischem Detail, als die auch so noch knappe Zeit gestattet, vorübergeführt werden kann. Zum ersteren gehört z. B. fast die ganze Zeit bis 476, die Vorgeschichte Rom und die Germanenwelt, wo allerdings die ersten Zusammenstöße Varus und Arminius, Arminius und sein Bruder Flavus Tac Ann. II, 9, 10, später aber nur einzelnes z. B. Attila nach den Eindrücken solcher, die ihn selbst gesehen haben, des Griechen Priscus auf seiner Gesandtschaft im Jahre 446, geschildert werden kann: Theodorich, Chlodowech lassen sich einigermaßen, Karl der Große läßt sich leichter und eingehender, individualisierend, wenn man sich den Ausdruck gefallen lassen will, behandeln. Von Karl dem Großen namentlich kann ich erzählend sprechen, ihn in drei, vier Stunden als Kriegsherrn, Eroberer, Erneuerer des *imperium Romanum* und weiterhin als Regenten, als selbst-lernbegierigen Förderer der Bildung, des Handels, der Landeskultur schildern, dabei auch einiges von dem anbringen, was man mit einem unserer vornehmen Namen Kulturgeschichte nennt, ja ich kann sogar, etwa nach dem, was Guizot in der 20. Leçon seiner *Histoire de la civilisation en France* aus Hinkmar anführt, dem Schüler eine Vorstellung davon beibringen, wie es auf seinen Reichstagen geschäftlich zuging und was ungefähr seine Missi zu tun hatten. Dagegen die ganze Zeit von 814—911, ja bis 936, dann wieder Otto II. und III. kann ich nur punktierend — einige führende, leitende, orientierende Momente und wenn es gut geht, da und dort eine Persönlichkeit mit einem Pinselstrich charakterisierend — vorführen. Den ersten und allenfalls den dritten Kreuzzug kann ich ausführlich erzählen, bei den übrigen nur ein und das andere Charakteristische lernen lassen. Wir können hier nicht das ganze Pensum durchnehmen wollen. Daß hier dem Lehrer ein nicht geringes Maß von Freiheit gelassen werde, das er ohnehin, je besser er gerüstet ist, umsomehr sich nehmen wird und nehmen muß, ja daß in dieser selbständigen Auswahl ein gutes Teil seiner Lehrkunst und Befähigung für diesen Unterricht besteht, führen wir nicht weiter aus: wir wollen nur noch einige besondere Schwierigkeiten des Vortrags mittelalterlicher Geschichte in Untertertia berühren.

Die Eine, die sich aber auch noch weiter über das Pensum der folgenden Klasse erstreckt, ist die, daß wir trotz des Reichtums unserer historischen Literatur und trotz der zahlreichen „Deutschen Geschichten" jeder Art und jeden Umfangs doch kein Buch haben, das die Geschichte unseres Volkes in zwei oder drei Bänden so erzählt, daß es demjenigen, der diese Geschichte lehrend dem heranwachsenden Geschlecht vermittelt, zugleich den Stoff und das Muster seiner Darbietung liefern könnte. Das

Faktum ist nicht wunderbar. Die Aufgabe, eine solche Darstellung zu schaffen, ist unendlich schwieriger, als bei jedem anderen Volk, das italienische vielleicht ausgenommen, und wir können vielleicht sagen, daß die wichtigste Vorarbeit für ein solches Buch erst vor ganz kurzem, vor 34 Jahren, 1870 und 1871 geleistet worden ist: die anderen, die gelehrten Vorarbeiten sind noch in vollem Gang: sie beweisen, z. B. das vorzügliche Werk von Moritz Ritter über eine auch für den Unterricht an Gymnasien schwierigste Partie, 1555—1648,[1]) daß wenigstens bei den wirklichen Geschichtsforschern die Trübung durch konfessionelle Vorurteile oder Parteiurteile einer wirklich nationalen Darstellung unserer Geschichte nicht im Wege stehen würde. Hier gibt es noch ein großes Verdienst zu holen: einstweilen muß der Lehrer sich mit dem Mittelguten behelfen, das ihm, sofern er Anfänger ist, doch immerhin den Umfang und das Maß der Ausführlichkeit, eine sehr wichtige Sache, bezeichnen wird: ist ihm dieser Teil des Geschichtsunterrichts längere Zeit anvertraut, so wird er nach und nach eine Anzahl von Spezialgeschichten lesen müssen und auch, zunächst zu seiner eigenen Erbauung, sich die deutschen Geschichtsquellen des Mittelalters in der deutschen Übersetzung, aus der Bibliothek seines Gymnasiums, wo sie hoffentlich vorhanden sind, geben lassen.

Eine zweite Schwierigkeit ist, daß das Kirchliche und selbst Dogmatische in der sogenannten mittelalterlichen Geschichte eine so große Rolle spielt, wovon doch der Tertianer noch nicht viel versteht. Er versteht es nicht oder noch nicht, daß man sich über dogmatische Punkte, das Verhältnis der beiden Naturen in Christo, den Ausgang des Heiligen Geistes im ὁμοιούσιος oder ὁμοούσιος, Arianismus und Athanasianismus u. s. w. so sehr hat erhitzen können, die ganze Traumwelt, die sich über die mittelalterliche Menschheit legte, ist ihm fremd, und er läuft deshalb hier eine Gefahr, die ihm bei der alten Geschichte erspart bleibt, — manches Große und Bedeutende gänzlich zu verkennen. Es ist in der Tat sehr viel schwerer, den Knaben Gregor VII. oder Innozenz III. oder Alexander III. verständlich zu machen, als etwa Sokrates oder Demosthenes oder selbst Platon, und der Lehrer, namentlich der protestantische, muß sich wohl hüten, etwa in der Geschichte Heinrichs IV. oder Friedrichs II. zu grell die hierarchische Machtgier zu schildern. Es gibt aber auch hier Seiten des mittelalterlichen Lebens, welche dem Knabenalter sehr nahe gebracht werden können. Ihm ist alles Heroische sympathisch, —, nicht das Ritterliche allein, sondern auch der Heroismus des Entsagens, wie er in den reineren Erscheinungen des Mönchtums z. B. zutage tritt. Die Jugend hat auch Verständnis für die Kulturmission des Mönchtums, für Erscheinungen also, wie etwa St. Gallus und den Kampf dieser irischen Mönche mit den Dämonen der Wildnis, — der Lehrer muß der Versuchung widerstehen, welche ihm in unseren Tagen nicht selten nahe tritt, wo man, was in der mittelalterlichen Welt naiv war, mit raffinierter Heuchelei zu Zwecken der Herrschsucht aufputzt, — nach Weise des Rationalismus die lächerliche Seite der mittelalterlichen Welt und ihres derben Wunderglaubens zu stark hervorzuheben.

---

[1]) Deutsche Geschichte 1555—1648. I.Bd. Stuttgart 1889; II. Bd. 1895; von Bd. III ist die erste Hälfte (bis 1625) erschienen (1901), die zweite demnächst zu erwarten.

Es gibt schon hier, im Pensum der Untertertia, Partien, wo diese Schwierigkeit in eine andere übergeht, von der wir später ein Wort zu sagen haben — ich meine diejenigen, in denen der Gegensatz, der seit bald vier Jahrhunderten die deutsche und die europäische Welt spaltet, schon zutage tritt z. B. in der Geschichte des 15. Jahrhunderts der Konflikt zwischen den Reformkonzilien und den Päpsten, und auf der anderen Seite zwischen dem Reformkonzil zu Konstanz und Joh. Hus. Doch stellen selbst diese Partien an Takt und Geschicklichkeit des Lehrers nicht allzu hohe Anforderungen. Das Feinere bei dem geschichtlich-tragischen Konflikt, das die reformatorische Mehrheit des Konstanzer Konzils trieb, einen reformatorischen Mann als Ketzer zum Tode zu bringen, versteht freilich der Untertertianer noch nicht, aber daß hier ein ehrlicher Mann, der sich durch Widerruf und Verleugnung dessen, was ihm nun einmal als Wahrheit aufgegangen war, hätte retten können, den Tod dieser Verleugnung vorzog — das versteht er wohl, und wenn er dabei einen gesunden Abscheu gegen die Schmach, welche der Religion Jesu Christi durch die Praxis *de comburendo haeretico* angetan wird, empfindet, und diesen Abscheu ins Leben hinausnimmt, so ist das nur in der Ordnung und gehört zu dem vielen Guten, das der Geschichtsunterricht wirken kann und soll.

Die Schwierigkeit tritt in verstärktem Maße bei dem Pensum der Obertertia, der neueren deutschen, und was sich hier noch weniger als beim Pensum der Untertertia rein abtrennen läßt, europäischen Geschichte hervor: namentlich bei ihrer ersten Periode 1517—1648. Sie liegt darin, daß unsere Schülerschaften zu sehr verschiedenen Prozenten, aber nahezu überall konfessionell gemischt sind, daß es mit anderen Worten 32 Millionen Protestanten und 18 Millionen Katholiken, von den kleineren Religionsgesellschaften abgesehen, im Deutschen Reich gibt. Die Frage ist wichtiger für die Oberstufe, berühren müssen wir sie schon hier. Zunächst wäre gegen ein Mittel, der Schwierigkeit zu begegnen — Veranstaltung verschiedener Ausgaben desselben Lehrbuchs für katholische und für evangelische Anstalten sowie es derartige deutsche Lesebücher gibt — zu protestieren. Dies müssen wir fast als eine Beschimpfung des deutschen Gymnasiums bezeichnen, und es hilft überdies nichts, da es ja nur äußerst wenige rein evangelische Anstalten ohne alle katholische, oder rein katholische ohne alle evangelische Schüler gibt. Unsere systematischen oder sogenannten wissenschaftlichen Werke über Pädagogik und Didaktik umgehen, soviel ich sehe, die Sache: natürlich, es ist eine Frage der Praxis; in der Theorie erhebt sie sich gar nicht, Geschichte ist Geschichte für Katholiken und Protestanten. Auch muß man und wird man gerne zugeben, daß bis jetzt die Schwierigkeit sich nicht in besonders akuter Form gezeigt hat. Die Agitation hat dieses Gebiet bis jetzt noch nicht in besonderen Angriff genommen, wir sind noch nicht so weit: und in der Tat beweist ja der langandauernde Gebrauch der Pützschen Lehrbücher an vielen evangelischen, der Herbstschen Bücher an vielen katholischen Anstalten, daß hier noch alles ruhig ist. Vielleicht nicht mehr lange und wir müssen aus pädagogischem Pflichtgefühl und unter dem pädagogischen, nicht etwa unter schulpolitischen oder sonstigen politischen Gesichtspunkten dem Gegenstand unsere ernste Aufmerksamkeit schenken. Und so mögen einige Hausregeln, die wir aus erfreulichen Wahrnehmungen bei katholischen und evangelischen Geschichtslehrern uns abgezogen haben, hier ihre Stelle finden. 1. der Lehrer halte sich gegenwärtig, daß seine Aufgabe die ist, das Geschehene, wie es geschehen, zu erzählen, — darzulegen, wie die Menschen unter gewissen Bedingungen der Zeit, des Orts, der Sitte, der Bildung oder der Roheit gehandelt haben, nicht aber die, die katholische oder evangelische Auffassung des Christentums zu glorifizieren, was wir füglich den Geistlichen oder solchen Gelegenheiten, bei denen es sich nicht um geschichtlichen Unterricht handelt, überlassen können; 2. der Lehrer unterscheide nicht allein in seinem eigenen Bewußtsein die Idee der Kirche, sie nenne sich katholisch oder evangelisch, von ihren irdischen und fehlbaren Dienern und Verfechtern, sondern wisse auch seinen Schülern diese Unterscheidung nahe zu legen; 3. der evangelische Geschichtslehrer, der darin bekanntlich in kraft der Idee der unsichtbaren Kirche frei und unabhängig genug gestellt ist, hebe edle und um die Menschheit verdiente Glieder der katholischen Kirche mit einem gewissen Nachdruck hervor und wo auf evangelischer Seite Mißbrauch und Mängel hervortreten, verfahre er mit gleichem Nachdruck: insbesondere wo es sich um Verfolgung Andersgläubiger handelt, wehre er dem verderblichen Vorurteil, als ob nur die römische Kirche Andersdenkende mißhandelt habe. Das ist bekanntlich nicht wahr, und unser Unterricht hat diesen traurigen und schimpflichen Hang, der in der menschlichen Natur liegt, in jeder Gestalt zu bekämpfen und um das zu können seine Übeltaten, ob sie nun in Rom oder Genf oder Dresden oder wo immer geschehen sind, ohne Schonung aufzudecken.

Wir gehen aber hier noch einen Schritt weiter: denn wenn wir auch jede tendenzmäßige Aufstachelung des Patriotismus verwerfen, so sind wir doch nicht gemeint, die patriotische Mission zu verkennen, die der Unterricht in vaterländischer Geschichte oder vielmehr der deutsche Mann der ihn erteilt zu erfüllen hat, und wir haben alle Ursache, heute diese Kraft aufzurufen. Denn es läßt sich nicht verkennen, daß im Laufe der letzten Jahrzehnte die konfessionelle Beschränktheit und der Fanatismus einen Teil des Gebiets, das man ihm schon siegreich abgestritten zu haben glaubte, wieder, wir wollen nicht sagen erobert, aber vorläufig — hoffen wir nicht für lange — wiederbesetzt hat, und es bildet eine der Pflichten, welche nicht der Staat, nicht ein hohes Ministerium oder Schulkollegium, sondern der Genius unserer Nation und die Religion Jesu Christi uns auferlegt, ihn daraus wieder zu vertreiben. Das geschieht ohne Lärm, ohne besondere Rhetorik, dadurch, daß die Geschichtslehrer an unseren höheren Bildungsanstalten die vaterländische Geschichte der letzten vier Jahrhunderte unter einem höheren Gesichtspunkte und mit weiterem Blick als dem immer beschränkten einer bestimmten Konfession oder Religionspartei betrachten lehren: und dabei soll man auch schon auf dieser Stufe der Obertertia nicht vergessen, daß unser Patriotismus nicht der engherzige des Engländers oder Spaniers und nicht der chauvinistische des Franzosen, sondern weitherzig und frei ist — daß er das eigene Volk und seine Geschichte zu ergreifen sucht in dem großen Zusammenhang der europäischen Entwickelungen. Rein als deutsche Geschichte läßt sich die Zeit von 1517—1871 nicht verständlich machen, und für die unter den eben berührten Gesichtspunkten schwierigste Zeit von 1555 bis 1648 hilft eben dies am besten, daß man sie nicht bloß als deutsche, sondern als europäische behandelt, und daß man auch schon auf dieser Stufe, wo dergleichen Samenkörner zwar nicht sofort Frucht bringen, aber doch auch nicht ganz umzukommen pflegen, die positive lebenschaffende Bedeutung der Kirchentrennung zur Geltung bringt, — es ausspricht, wie durch den Gegensatz der Auffassungen des Christentums, die man mit den Worten Katholizismus und Protestantismus bezeichnet, das europäische Leben ein Ferment erhalten hat, das es vor Fäulnis bewahrt, und von Fortschritt zu Fortschritt getrieben hat.

Was die Repetition betrifft, so ist der Repetition von Stunde zu Stunde wie überall und wie selbstverständlich ein großer, so doch hier auf Tertia ein ganz besonderer Wert beizumessen. Es ist der geschichtliche Stoff, den nicht, wie den mathematischen oder grammatischen, ein klares Gesetz zusammenbindet, seiner Natur nach, selbst wo der Lehrer beim Vortrag über eine Klarheit und Bestimmtheit des Ausdrucks verfügen sollte, wie sie tatsächlich mancher unserer berühmten Geschichtsforscher und Darsteller nicht besitzt oder besessen hat, so vielen Mißverständnissen, Verschiebungen, Verwechslungen — kurz so viel Halbrichtigkeiten ausgesetzt, die in ihren Wirkungen bekanntlich oft schädlicher sind, als die ganzen Unrichtigkeiten, daß jeder Abschnitt, jeder Komplex von Begebenheiten — nennen wir z. B. die recht schwierige Vorgeschichte des 30jährigen Krieges — notwendig zweimal, einmal darlegend, erzählend, einmal repetierend durchgesprochen werden muß. Dabei möchten wir raten, bei der Repetition, auch bei ihrer zweiten Art, den Gesamtrepetitionen durchgenommener größerer Abschnitte, mit einer gewissen Einseitigkeit auf dieser Stufe das Stoffliche, Tatsächliche zu betonen, und jenes oben skizzierte Operieren mit dem historischen Stoff etwas elementar zu behandeln, die leitenden Motive etwas von der nahen Oberfläche zu greifen — welche auswärtigen Feinde hat Deutschland im 9., 10. u. s. w. Jahrhundert zu bekämpfen gehabt? welche Völker haben Italien von 476 bis 1527 erobernd heimgesucht? und welche von diesen Völkern haben dort dauernde Spuren ihres Daseins hinterlassen? welcher Teil Deutschlands, welche Länder Europas sind am Anfang des 17. Jahrhunderts der Augsburger Konfession und welche der alten Kirche zugetan gewesen? welche Gegenden Deutschlands sind vorzugsweise Kriegsschauplätze im 30jährigen u. s. w. Kriege gewesen? und ähnliches.

Wir glauben nicht, daß der Geschichtsunterricht in den entsprechenden Klassen der Realanstalten und auf dem hier zu durchwandernden Gebiet von den gymnasialen sich sehr wesentlich unterscheiden darf: in dem preußischen Lehrplan von 1892 ist dort der „Geschichte und Geographie" eine Stunde mehr, 2 + 2 gegönnt, welche doch wohl mit Recht der Geographie zugewiesen ist. Der Geschichtsunterricht an diesen Anstalten erscheint uns als ein ganz besonders wichtiger: und zwar deswegen, weil dasjenige, was dem geschichtlichen Sinn Förderndes dem Realschüler aus den übrigen Unterrichtsfächern zukommt, nur von mäßiger Fülle und Wirkung ist. Die Erlernung des Englischen auf dieser Stufe erweitert zwar, wie jede neue Sprache die ein Mensch lernt, den geistigen Horizont, sie dient aber nach der ganzen Organisation und Bestimmung der Realschule doch so vorwiegend und augenfällig praktischen Zwecken — und soll es auch — daß der indirekte Nutzen, den wir sonst von so manchen Fächern für die Fähigkeit geschichtlicher Auffassung erwarten, hier sehr wenig ins Gewicht fallen wird. Der Geschichtsunterricht hat, das liegt in seinem Wesen, eine realistische und eine idealistische Seite: Menschen von Fleisch und Blut, wie wir, die einst mit denselben Bedürfnissen, Schwachheiten, Leidenschaften gelebt haben, wie wir, erhalten doch durch den großen Zusammenhang, in dem wir sie betrachten, einen ähnlichen Charakter wie den Griechen die Heroen ihrer mythischen Welt ihn hatten: wir hoffen nicht mißverstanden zu werden, wenn wir sagen, daß für den Unterricht am Gymnasium die realistische, für den an der Realschule die idealistische Seite mehr zu betonen ist. Anders ausgedrückt: der Verfasser würde, wenn ihm längere Zeit als in Wirklichkeit der Fall war, vergönnt gewesen wäre, Schülern einer lateinlosen Realschule Geschichtsunterricht zu erteilen, ihnen weniger von den merkantilen Folgen der Kreuzzüge und mehr von den religiösen Impulsen, welche diese Unternehmungen hervorgerufen haben, erzählen als den Gymnasiasten.

Untersekunda.

Diese Klasse — das letzte Jahr der mittleren Stufe, die wir für unseren Gegenstand annehmen, — hat durch die neue Schulordnung in Preußen seit der sogenannten Schulreform einen etwas eigentümlichen Charakter bekommen. Sie wurde die Klasse der Abschlußprüfung — denn daß bei einer Schulreform auf deutschem und preußischem Boden nicht ohne ein neues Examen abgehen würde, war zu erwarten. Diese Prüfung ist nun allerdings gefallen, die Voraussetzung aber, die ihr zugrunde lag, daß diese Klasse ein erstes Stadium wissenschaftlicher Erziehung abschließt, ist geblieben und sie ist innerlich berechtigt. Der Ernst der Situation wird den Schülern schon dadurch deutlich, daß ein bestimmter — wenn auch keineswegs, wie man bei Einführung jener Prüfung gehofft zu haben scheint, ein sehr großer — Teil ihrer Mitschüler nun wirklich ins praktische, ins erwerbende Leben eintritt: und wenigstens das Eine gefiel uns an der Abschlußprüfung, daß dieser Ernst der Lage den Schülern dieser Klasse dadurch etwas *ad oculos* demonstriert wurde. Zwar geschah, nachdem die Prüfung eingeführt war, alles mögliche, um wieder ein wenig abzuwiegeln: die Prüfung sei so schlimm gar nicht gemeint, sei nur eine etwas umständlichere Klassenprüfung: die Halbjünglinge dieser Klassenstufe nahmen sie doch ziemlich ernsthaft — ernsthafter, als vielleicht demnächst das Abiturientenexamen genommen werden wird. Wir müssen uns hier eine kleine Abschweifung in das Gebiet der Schulpolitik gestatten, mit der unsere Arbeit unmittelbar nichts zu tun hat. Es gibt eine Partei eifriger Humanisten, die wesentlich auch die unsrige ist, welche jede Rücksicht auf die mit Untersekunda abgehenden Schüler — Bonitz in der Berliner Konferenz von 1873 hat sie als Fahnenflüchtige bezeichnet — streng abweist und folgerichtig auch das berühmte Recht zum einjährigen Dienst an das Bestehen des Abiturientenexamens oder zum mindesten an die Absolvierung des Primakurses geknüpft wissen will. Wir halten die letztere rigorose Maßregel weder für nützlich noch für durchführbar: und wenn P. Cauer, der geistvolle und entschiedene Vorkämpfer dieser Richtung, sagt, daß das Gymnasium eine Schule für die Wenigen, nicht für die Vielen sei, so sind wir vielmehr der Ansicht, daß es im Interesse der Nation liegt, ein starkes Kontingent von solchen, welche die Gymnasialerziehung, und wäre es auch nur bis Obersekunda, empfangen haben, in ihren leitenden Kreisen in Handel und Industrie, in Militär und Technik, in ihren Stadträten und Parlamenten zu besitzen. Das Gymnasium ist uns also eine Schule nicht der Wenigen, sondern der möglichst Vielen. Daß man den Lehrplan nicht, wie in dem preußischen von 1892 viel zu viel geschehen, auf die mit Ende Untersekunda abgehenden zuschneiden, sondern ihn so einrichten muß, als ob alle Schüler das Gymnasium bis zu seinem End- und Zielpunkt dem Abiturientenexamen durchschreiten wollten, ist auch unsere Meinung: diejenigen aber, die häufig sehr unfreiwillig und durch widrige Verhältnisse gezwungen mit Untersekunda abgehen, mit Bonitz als Fahnenflüchtige zu bezeichnen oder als *quantité negligeable* für die Erlangung des berühmten Rechts an Prüfungskommissionen zu verweisen, widerstrebt uns und es würde überdies wahrscheinlich wenig helfen, da in diesem Fall der Unterricht in II^{inf} und die betreffenden Lehrer dennoch und vielleicht mehr in ihrem Unterricht durch die Rücksicht auf die demnächst vor der staatlichen Prüfungskommission Erscheinenden beeinflußt würden. Die mit Untersekunda Abgehenwollenden oder -müssenden sind nun einmal da: an Einer Stelle, keiner von vitaler Bedeutung für das Prinzip des Gymnasiums, ist in der Tat auf sie Rücksicht genommen worden, dem Geschichtspensum für II^{inf}: es gilt hier aus der Not eine Tugend zu machen und sich das Gute zu nutze zu machen, das auch aus der veränderten Anordnung zu holen ist, und dem Charakter der Klasse als einer Abschlußklasse eine Deutung zu geben, welche wir auch für die den Weg weiter fortsetzenden annehmen können. In der Tat ist der gesamte Unterricht dieser Klasse als einer „abschließenden" dem Einbringen einer Ernte gewidmet, und dies wird auch auf unserem Gebiete irgendwie sich geltend machen. Vom Griechischen und Lateinischen braucht nicht weiter die Rede zu sein: sie bleiben die Haupthebelkräfte für die Ausbildung des geschichtlichen Sinnes, wenn sie auch in der neuen Ära in Preußen viel an ihrer Wirksamkeit eingebüßt haben. Xenophons Anabasis tritt jetzt erst, wo die sprachlichen Schwierigkeiten ziemlich überwunden sind, in ihr Recht und der erste Lichtstrahl aus der homerischen Welt fällt auf diese Jugend: er wird selbst an denjenigen nicht ganz verloren sein, die mit Ende des Schuljahrs ausscheiden; im Lateinischen liest man Ciceros Reden, etwas Sallust oder Livius, und einen Dichter — nur mit großer Schwierigkeit Virgil allerdings in Preußen, aber Ovid, von dem wir die Fasti auf dieser Stufe lesen würden, die nicht wenige Bilder des römischen Feiertags- und auch Werktagslebens uns vorführen und eine leichte und passende Auswahl gestatten. Im Französischen tritt der Vorzug dieser Sprache, die Klarheit des Ausdrucks, die relative Vollkommenheit ihrer Prosa, und, sofern, wie zu wünschen, ein gutes modernes Lustspiel gelesen wird, die Grazie des französischen Dialogs deutlicher ins Bewußtsein, und die Schüler lernen so, was sie auf Tertia noch nicht gelernt haben, und was doch auch als ein Moment bei der Ausbildung geschichtlichen Sinnes, geschichtlichen Gerechtigkeits- und Wahrheitssinnes gar nicht zu verachten ist, die Vorzüge der fremden Nachbarnation zunächst an und in ihrer Sprache würdigen. Man wird entgegnen, daß dies doch eine sehr indirekte Beziehung zum geschichtlichen Unterricht darstelle — gewiß: vielleicht noch indirekter, und gleichwohl zur Förderung derjenigen Seite tieferer Bildung, die wir mit dem Worte Geschichte, Geschichtssinn bezeichnen, sehr bedeutsam ist auf dieser Stufe der **deutsche Unterricht**. Dieser Unterricht, sofern er Lektüre ist, ändert hier auf dieser Stufe seinen Charakter nicht unwesentlich. Man pflegt jetzt schon im letzten Tertial der Obertertia größere dramatische Werke zu lesen, und dagegen ist auch gewiß nichts einzuwenden: wir würden dazu, wie oben schon gesagt, vaterländische Stücke, Uhlands Herzog Ernst, Kleists Prinz von Homburg, Goethes Göz von Berlichingen nehmen, nicht aber, wie der preußische Lehrplan von 1892 vorschlug, Schillers Tell, der eine viel fruchtbarere Lektüre für Sekunda abgibt. Denn jenes Alter — die Tertia meinen wir — ist noch sehr dem Stoffe verhaftet, die Poesie als solche, als Kunst oder als Geist, unter dem reinen Gesichtspunkt des Schönen, ist hier noch nicht in Frage: und es ist gut so: sie soll naiv aufgenommen werden. Dies beginnt sich in Untersekunda zu ändern und soll sich ändern. Die Schüler lesen hier das eine und das andere dramatische Stück klassischen d. h. ersten Ranges, den Tell, die Jungfrau von Orleans, Hermann und Dorothea: sie werden zum erstenmal in ein dichterisches Kunstwerk als solches eingeführt, sie erheben sich über die bloß stoffliche Betrachtung und was immer man auf dieser Klasse Deutsches liest sollte unter diesem Gesichtspunkt des Schönen, dem ästhetischen, wie man sich zu sagen gewöhnt hat, gelesen werden.[1]) Wir stellen geradezu den Grundsatz auf, daß der deutsche Unterricht in dieser Klasse mit dem geschichtlichen Unterricht am wenigsten unmittelbar sich berührt und berühren soll. Schillers Tell entnimmt Interesse und Wirkung nicht daraus, daß irgend einmal, im Jahr 1308 n. Chr., ungefähr solche Dinge wirklich in der Schweiz geschehen sind: der Dichter schaltet hier mit dem Geschichtlichen frei und darf es, denn er gibt uns das Schöne, das geschichtslos — das ewig Wahre, nicht was im 14. oder 15. Jahrhundert oder irgendwann zu einer bestimmten Zeit wirklich gewesen oder für wahr gehalten worden ist. Natürlich kommt jede Ideenvermehrung und Ideenklärung,

---

[1]) Wir meinen aber nicht das, was der Preußische Lehrplan von 1892 S. 15 sagt: „die Erklärung ist in möglichst einfacher Weise darauf zu richten, daß das Ganze von dem Schüler als ein in sich abgeschlossenes Kunstwerk aufgefaßt werde." 1901 nicht wiederholt.

wie sie dem Schüler durch einen guten und selbst auch nur mittelmäßigen deutschen Unterricht zugeführt wird, auch dem Geschichtsunterricht zu gute: die Förderung geht aber hier durch eine Art Negation hindurch: der Unterschied zwischen poetischer uud historischer Wahrheit — zwischen dem, was zu irgend einer bestimmten Zeit an irgend einem bestimmten Ort durch bestimmte Menschen an bestimmten Menschen geschehen und insofern wahr d. h. wirklich ist, und dem, was niemals und nirgends wirklich geschehen, aber dennoch zu jeder Zeit und an jedem Orte wahr ist — dieser Unterschied tritt auf dieser Stufe deutlicher ins Bewußtsein. Damit hängt noch ein anderes zusammen, das vom Lehrer nicht unbeachtet bleiben darf. Wir haben oben gesagt, daß eigentlicher Geschichtsunterricht erst da ansetzen könne, wo eine wenn auch vorerst noch so unbestimmte Ahnung oder Vorstellung von dem Unterschied zwischen dem, was geschehen ist, und dem, von dem man nur sagt oder singt, daß es geschehen, vorhanden sei: hier, auf dieser Alters- und Klassenstufe, ist dieser psychologische Prozeß vollendet — die historische Kritik erwacht, und der Lehrer soll sie, allerdings sparsam und mit Takt, üben, braucht sie aber nicht mehr zu scheuen. Dem Quartaner tut es wehe, wenn er hören muß, daß der Tell nicht wirklich gelebt habe: dem Sekundaner, dem diese Heroengestalt in einem viel höheren Sinne lebt, nicht mehr. Wir nehmen also dies voraus, daß der Geschichtslehrer bei schicklicher Gelegenheit — nicht zu häufig, nicht tendenzmäßig, nicht, um sein eigenes Licht leuchten zu lassen — ein überliefertes und weitverbreitetes Falsche, etwa die unausrottbaren pikanten Geschichten der verschiedenen historischen Meuchelmorde und legendarischen Greuelgeschichten umstoßen darf und wohl daran tut, sie kritisch abzuweisen: das stärkt den geschichtlichen Wahrheitssinn und sichert z. B. den also Geschulten von selbst gegen das ebenso dumme wie niederträchtige Fraubasengewäsch vom Selbstmord Luthers oder, daß wir paritätisch verfahren, die vielen Giftmischereien, die man den Jesuiten in die Tasche schiebt.

Dem Geschichtsunterricht insbesondere — Geschichte und Geographie — sind in Preußen und sonst hier 2 + 1 = 3 Wochenstunden zugewiesen: und über das Pensum der letzteren kann, sofern diese Klasse für den einen Teil der Schüler absolut, für den anderen relativ abschließt, kein Zweifel sein. Es ist die politische Geographie der europäischen Staaten mit steter Vergleichung der entsprechenden Verhältnisse im Deutschen Reiche. Dieses letztere, die Vergleichung ist leicht und läßt sich recht fruchtbar machen, weil die Geographie Deutschlands nach unserer Voraussetzung den Hauptgegenstand dieses Unterrichts während der zwei Tertiajahre gebildet hat: und beides stimmt zu dem jetzigen Geschichtspensum der Untersekunda nach dem preußischen Lehrplan, welcher deutschpreußische Geschichte der letzten 150 Jahre verlangt, eine Geschichtspartie, die sich, man mag wollen oder nicht, nur als deutsch-europäische behandeln läßt.[1]) Wir lassen uns darin auch nicht durch die Fassung im

---

[1]) „Die außerdeutsche Geschichte", sagt der Preußische Lehrplan 1892 und 1901, „ist nur soweit heranzuziehen, als sie für die deutsche und die brandenburgisch-preußische Geschichte zum Verständnis notwendig ist." Das ist für die Zeit von 1740—1871 aber

preußischen Lehrplan von 1901 „Wiederholung und Ergänzung der Länderkunde Europas mit Ausnahme des Deutschen Reiches" beirren: hätten wir diesen Unterricht zu erteilen, so würden wir so frei sein, jene Vergleichung als die verlangte und notwendige „Ergänzung" anzusehen. Den Realanstalten sind zu demselben vernünftigen Zweck zwei Wochenstunden eingeräumt. Diesen Lehrplan nehmen wir vorläufig als ein gegebenes: daß diese Ausstattung der nach dem 6. Jahr ins praktische Leben übertretenden Gymnasialschüler mit einem Jahr alter Geschichte bezahlt worden ist, ist bekannt: darüber ein Wort, wenn unsere Besprechung bei Obersekunda angelangt sein wird.

Dagegen müssen wir hier noch etwas über den geographischen Unterricht sagen, was nicht sehr idealistisch klingt, und vielleicht im Widerspruch steht mit manchen achtungswerten Stimmen auf Geographentagen, die freilich, wie alle Spezialistentage, zu verlangen geneigt sind, daß ihnen die Schuljugend für ihr Spezialfach in „möglichst" weitem Umfang zur Verfügung gestellt werde. Es war sicher ein Irrtum, wenn Bonitz auf der Berliner Konferenz von 1873 der Geographie den Charakter einer Wissenschaft überhaupt absprechen wollte, sie sei ein Mosaik verschiedener mehr oder weniger nützlicher Kenntnisse aus allerlei Gebieten. Man kann doch die Beschreibung des gegenwärtigen Zustands unserer Erde in einer streng wissenschaftlich geordneten Form geben und somit ist sie auch eine Wissenschaft: was aber die Schule, nicht bloß die Real- oder Bürgerschule, sondern auch das Gymnasium betrifft, so müssen wir doch nachdrücklich den utilitarischen Charakter des geographischen Unterrichts betonen, und namentlich für Untersekunda. Der geographische Unterricht in dieser Klasse hat die unseres Erachtens sehr schöne und wichtige Aufgabe, deren Schülern, mögen sie nun dem praktischen Leben oder weiterem Studium zustreben, nützliche Kenntnisse beizubringen oder solche zu befestigen über die Lage, Produkte, Hilfsquellen, Machtmittel, Kulturverhältnisse u. s. w. der europäischen Staaten in steter vergleichender Beziehung zum eigenen Lande. Dieses ihr Land ist zwei Jahre lang Gegenstand des geographischen Unterrichts gewesen: ein drittes, das Untersekundajahr muß, und zwar unter dem politischen Gesichtspunkt, der Beschreibung der europäischen Welt dienen, in deren Mitte unser Vaterland gestellt ist, so daß und damit der Schüler überall die Verhältnisse dieses seines eigenen Landes, dem sein Leben gehört, mit denen der übrigen Länder vergleichen kann. Soviel Hunderttausende beträgt das französische, soviel das deutsche Landheer, soviel Rinder, Schafe, Pferde, Esel zählt England, soviel Deutschland, soviel Analphabeten auf je 100 Einwohner zählt Spanien, soviel Deutschland u. s. w.

Hier, meinen wir, soll auch im Gymnasium ein sehr entschiedenes realistisches Element einsetzen. Wir sind am Gymnasium gar nicht so

sehr viel und wir wüßten gar nicht, wie wir z. B. die Napoleonische Epoche von 1804 bis 1815 anders als europäisch behandeln sollten. Die innere Geschichte Englands oder Rußlands oder Schwedens hereinzuziehen ist doch auch seither niemand eingefallen. Wir wollen aber nicht, daß unser Geschichtsunterricht und unsere Geschichtsauffassung auf das Niveau der englischen Geschichtschreibung herabsinkt, der bekanntlich *a History of Our Own Times* (M'Carthy) schlechtweg eine Geschichte Englands *of our own times* bedeutet.

idealistisch, wie man uns machen will, und wir wünschen ein recht derbes Stück Realismus neben den idealen Elementen auch für den geschichtlichen Unterricht in Anspruch zu nehmen. Utilitarisch und wissenschaftlich sind ganz und gar keine Gegensätze.[1]) Wohl muß das Wissen um des Wissens willen gepflegt werden und daß wir in Latein, Griechisch, Mathematik in dieser Hinsicht keinen Spaß verstehen, brauchen wir nicht mehr zu sagen: aber es ist jeder vernünftigen Pädagogik und jeder gesunden Didaktik gemäß, daß 15-, 16-, 17jährige deutsche Jünglinge auf dieser Stufe recht nachdrücklich daran erinnert werden, daß sie für das Leben lernen, und zwar nicht bloß für das Leben im allgemeinen, sondern für das Leben ihres eigenen Volks und Staats, und daß sie deshalb, recht eigentlich deshalb, weil sie demnächst aktive Bürger des Deutschen Reichs sein werden, sich mit dessen Geschichte und Geographie, wie mit der des übrigen Europa bekannt und womöglich vertraut machen müssen. Hier ist denn auch — Geographie in II$^{inf.}$ — der eigentliche Platz für diejenigen wirtschaftlichen Belehrungen — Belehrungen über diejenigen wirtschaftlichen Grundbegriffe, die überhaupt auf die Mittelschule gehören: es sind die, welche das europäische Leben überhaupt und nicht erst seit heute und gestern, sondern zumeist wenigstens schon seit den letzten 100 Jahren und länger her zu charakterisieren dienen.

In diesem Sinne acceptieren wir die neue Einrichtung an den preußischen und anderen Gymnasien — Geschichtspensum für Untersekunda deutsch-europäische Geschichte von 1740—1871, mit kurzer Chronik bis 1888 unseretwegen — und verzichten resigniert auf den zweijährigen Kursus in alter Geschichte, obwohl dieser zweijährige Unterricht in alter Geschichte ein sehr wirksamer und wohltätiger Unterricht gewesen ist, da durch die Wechselbeziehungen zwischen gründlichen Geschichtskenntnissen und ernstem Sprachstudium dem Encyklopädismus und der Oberflächlichkeit wirksam entgegengearbeitet wurde. Allein so sehr man das Phantom des sogenannten Zeitgeistes verachten mag — gewissen Zeitbedürfnissen muß man sich fügen und wo man aus vernünftigen Gründen ein Zugeständnis macht, muß man es auch ganz und ohne Hintergedanken machen.

Bei diesem Unterricht nun, dem besonderen Geschichtsunterricht der Untersekunda nach jetziger preußischer Organisation, tritt eine sehr eigentümliche Schwierigkeit ein, die uns sonst nirgends bedrängt — daß man nämlich zu viel Zeit hat. Auf eine Behandlung der Geschichte von 130 Jahren in $2 \times 40 = 80$ Stunden sind in Wahrheit weder unsere Lehrer noch unsere gangbaren Lehrbücher eingerichtet, wenn man auch von den letzteren, wie sich denken läßt, schnell einige Fabrikware hergestellt hat.[2]) Diese Neuordnung setzt in aller Gemütlichkeit voraus, daß

---

[1]) W. Münch in seinem neuesten Werk: Zukunftpädagogik (Berlin 1904) S. 216: „Der ganze Gegensatz von utilitarisch und idealbildend muß nicht so schroff gefaßt werden, wie man es zu tun pflegt: der eine Gesichtspunkt schließt den andern nicht aus und irgendwie kann man jedem der bei uns geltenden Bildungsstoffe den einen Charakter neben dem andern abgewinnen." Das ist und war stets auch unsere Meinung und der Vorwurf, den Münch auf S. 208 „fast allen älteren Vertretern unseres höheren Bildungswesens" macht, trifft uns nicht.

[2]) womit der besseren, wohldurchdachten Hilfsbüchern, wie z. B. dem Hilfsbuch für den Unterricht in Untersekunda von MOLDENHAUER, Berlin 1894, 2. A., nicht zu nahe getreten sein soll.

dem Lehrer, den vielen hundert Lehrern an den höheren Schulen unseres Landes, über Nacht die Weisheit kommen werde, die seinerzeit der amtliche Lehrplan voraussetzte, einschließlich der „vergleichenden Berücksichtigung unserer gesellschaftlichen und wirtschaftlichen Entwickelung". Es wird aber, denke ich mir, den meisten Lehrern ebenso schwer werden, wie es mir geworden ist, verwickelte Zusammenhänge und tiefer angelegte menschliche Naturen sich so deutlich zu machen, daß man sie auch seinen Schülern deutlich machen konnte, und auch andere Geschichtslehrer werden die Erfahrung gemacht haben oder machen müssen, daß je ausführlicher man erzählen kann und mithin muß, diese Sache, das Erzählen meine ich, um so schwieriger wird. Daß gewissenhafte Lehrer diese Schwierigkeiten werden überwinden können, daß sie also auch an vielen Orten tatsächlich werden überwunden werden, bezweifle ich nicht: durch eigne Kraft und eignen Fleiß des Lehrenden, es gibt kein anderes Mittel. Allerdings wird dem Gegenstand seitdem die Aufmerksamkeit der Direktorenkonferenzen zugewendet, es wird seiner Theorie viel Nachdenken gewidmet, es werden darüber 30, 60, 100 Thesen aufgestellt: bis dies aber wirkt, verstatte man dem in diesen Dingen ergrauten Verfasser einige Hausregeln für jüngere Fachgenossen.

1. Die Gesamteinteilung des Stoffes 1740—1871 muß vom **gesamteuropäischen**, nicht vom speziell deutschen oder preußischen Standpunkt ausgehen, also 1740—1789; 1789—1815; 1815—1871 die Hauptperioden: es muß eine Einteilung sein, die später beim Vortrag in Oberprima wieder aufgegriffen, aufgefrischt werden kann.

2. Erwünscht ist eine **Einleitung**, die einen klaren Überblick über die brandenburgisch-preußische Geschichte unter gesamtdeutschem Gesichtspunkte gibt. Sie braucht auf preußischen Gymnasien nicht ausführlicher zu sein, als auf sächsischen oder württembergischen und umgekehrt, sie soll, denn es ist deutsche Geschichte, auf diesen nicht knapper sein, als auf preußischen.[1]).

3. Ereignisse, Persönlichkeiten, Schilderung so gut als möglich nach dem homerischen Rezept durch das **Konsekutive der Handlung**: doch ist etwa vor Beginn der Periode 1789—1815 eine Stunde oder auch zwei den Zuständen des heiligen römischen Reichs zu widmen (Biedermann, Deutschland im vorigen Jahrhundert Bd. I).

4. Keine strategisierenden Schlachtbeschreibungen, doch womöglich für jede wichtigere Schlacht **einen** charakteristischen Zug, dergleichen man z. B. für die Schlachten des 7jährigen Krieges bei Carlyle, Friedrich der Große findet, einem für den Vorbereitungszweck des Lehrers überhaupt sehr brauchbaren Buch: dessen Lesung ihm, dem Gymnasiallehrer der Geschichte auch jetzt noch neben Reinhold Kosers klassischem Werk (1903) sehr zu empfehlen ist.

5. Man hüte sich ganz besonders vor wirtschaftlicher und sozialer Salbaderei, die sehr ins Kraut zu schießen droht. Das meiste dieser

---

[1]) Das klingt jetzt einigermaßen selbstverständlich: 1873 auf der Berliner Schulkonferenz unter Falk wurde es als etwas Nagelneues, aber beifällig aufgenommen.

Entwicklungen und auch die Verdienste der einzelnen preußischen und an anderen Orten anderer Regenten ist integrierender Bestandteil des Geschichtsunterrichts und ist es immer gewesen; was Kurfürst Friedrich Wilhelm nach dem 30jährigen, Friedrich der Große nach dem 7jährigen Kriege, Friedrich Wilhelm III. durch die Stein-Hardenbergischen Reformen und nach dem Kriege von 1813—15 durch Anbahnung und Durchführung des Zollvereins an ihrem Lande und für Deutschland getan haben, ist nie übergangen worden, und unsere Schüler, sollten wir denken, haben eben auf diesem Wege nach und nach erfahren, von Sexta bis Untersekunda, was Geld, Steuern, Steuerdruck, Naturalwirtschaft, Konkurrenz, Zölle, Schutzzölle u. s. w. für Dinge sind, was ein Zollverein ist und vieles andere. Sofern es sich aber um das Zuständliche, Gegenwärtige, um Verfassungs- und Verwaltungszustände handelt, gehört das Notwendigste, nur dieses, auch die jetzt sogenannte „Bürgerkunde" in den geographischen Unterricht.

6. Ungleiche Behandlung, auch hier: das eine ausführlich erzählt, das andere in Abriß und klar geordneter Übersicht dargelegt. So sind die Ereignisse von 1813, auch der Gang der militärischen Bewegungen jenes Jahres ausführlich zu erzählen, sie vereinigen alles, was eine geschichtliche Darstellung eindrucksvoll machen kann und sind dabei sehr leicht verständlich: wogegen eine ausführliche Darstellung der Kriege zwischen 1792 und 1801 verlorene Mühe wäre.

7. Besondere Schwierigkeiten bietet die Geschichte von 1815 bis zu einer Zeit nahe der — nicht bis zur — Gegenwart: ganz besonders die Zeit von 1848—52, während die voraufgehenden Abschnitte 1815—1830; 1830—1848 verhältnismäßig einfach und kurz klargestellt werden können. Und doch enthalten jene vier Jahre die große Krisis des Jahrhunderts, und, da man Zeit hat, muß man sie eingehender behandeln: um so mehr, da man in Prima, wo die Zeit sehr knapp wird, sich einigermaßen auf das, was von Erinnerungen und Eindrücken aus der ausführlichen Darstellung in Untersekunda zurückgeblieben ist, wird stützen müssen. Dagegen kann man sich über die Zeit von 1852—1863 wieder kurz fassen; man markiere oder, wenn man sich den oben von uns gebrauchten Ausdruck gefallen lassen will, punktiere das Tatsächliche, den Krimkrieg, den österreichisch-französischen, die ergebnislosen Versuche, zu einer deutschen Einheit zu gelangen, und hebe die schweren Gefahren, von denen die Nation bedroht war und ihre fast verzweifelt erscheinende oder wirklich verzweifelte Lage in diesem Jahre 1863 hervor. Ausreichende Zeit muß bleiben für 1863—1871: 1866 mit gebührendem Ernst und mit Hervorhebung des Gedankens, daß es besser war, wenn die Lehre von der völligen Nichtigkeit der alten deutschen Bundesverfassung durch einen Krieg des neuen Deutschlands gegen das alte, durch einen Sieg Preußens über Österreich und das bundestägliche Deutschland, und nicht durch einen Sieg des Auslands, Frankreichs, unserer Nation gepredigt wurde. Diese Dinge liegen jetzt schon bald 40 Jahre hinter uns; für Deutschland haben sie ihren Stachel durch den Krieg von 1870, für Österreich durch das Bündnis vom 15. Oktober 1879 und die Tatsache, daß die geistigen Bande

zwischen den Deutschen des Reichs und Österreichs in Wahrheit viel enger geworden sind als vor 1866, verloren.

Die eigentliche Erzählung, der geschichtliche Vortrag, sollte mit 1871, der Neuaufrichtung des deutschen Nationalstaates endigen. Wie sich die Zeiten ändern: in meiner Jugend hat man die Türe mit 1815 zugemacht, und es war nicht kommlich für den Lehrer, die Zeit jenseits dieser Barriere näher zu berühren: jetzt will man, einen richtigen Gedanken übertreibend, gar bis 1888 oder bis zur „Gegenwart" gelangen. Was heißt denn Gegenwart? Es ist der jedesmalige Moment, in dem wir sprechen, und es müßte also der Lehrer im Jahr 1895 bis zum chinesisch-japanischen, im Jahr 1900 bis zum transvaalischen, 1904 bis zum russisch-japanischen Krieg u. s. w. gelangen. Man kann aber nicht alles auf der Schule lernen und soll nicht als „Geschichte" vortragen, was in Wahrheit für den Lehrer, der selbst noch mitten im Wirbel der Gegensätze steht, noch nicht Geschichte ist und also auch nicht für den Schüler dazu gemacht werden kann. Eine chronikartige Vorführung von einer Stunde genügt.[1])

Über den Vortrag, den Ton, den Lehrton wollen wir, auch auf dieser Stufe, nicht viele Worte machen. Man kann die Begeisterung, die aus der Sache fließt, so wenig lehren, als man Persönlichkeit oder Charakter lehren kann: „schön" kann der Vortrag nur sein, wenn er wahr ist: und wahr ist er nur, wenn er einer männlichen, tapferen, der Nation in Treue ergebenen Gesinnung entströmt. Man darf aber hier in der Tat gute Hoffnungen hegen. Wir sind jetzt in ein großes öffentliches Leben hineingestellt, keinem Manne ist mehr eine bloß private Existenz vergönnt, also auch dem Lehrer der Geschichte an Gymnasien und Realschulen nicht, und so wird denn etwas von jener ἐξ αὐτῶν τῶν πραγμάτων ἕξις, die Polybius verlangt, auch unserem Geschichtsunterricht und auch auf dieser Stufe, wo sie in gewissem Sinne am nötigsten ist, sich mitteilen. In der Tat ist in dieser Beziehung in der Zeit, die ich überblicken kann, schon eine große Veränderung vor sich gegangen. Der bloß dozierende, der Schulmeisterston hat sehr viel Terrain verloren und ein Sympton dieser Änderung ist, daß weit mehrere Lehrer als in meiner Jugendzeit „frei" vorzutragen verstehen. Frei, *cum grano salis*, möchten wir warnen: die erste Forderung heißt nicht frei, sondern wahr, und da auf der Stufe, an der wir angelangt sind, der Vortrag des Lehrers schon etwas größere Zusammenhänge umfassen muß, so ist gar nicht das Mindeste dagegen zu sagen, wenn der Gymnasiallehrer tut, was große Redner und Professoren nicht verschmähen: nämlich auf einem Blättchen den Gang dessen, was er zu sagen gedenkt, aufzeichnen und dieses Blättchen bei seinem Vortrag benützen: und wenn es selbst ein Heft wäre.

Daß die Repetition ihren Weg geht, wie seither, versteht sich von

---

[1]) Wenn Schiller, Handb. d. prakt. Pädag. 2. A. S. 562 sagt: „daß mit dem Jahre 1871 die neueste Geschichte nicht mehr abschließen kann, versteht sich schon allein nach den Ereignissen von 1888 von selbst", so heißt dies die Frage, wenn wir uns den Ausdruck gestatten dürfen, etwas tumultuarisch entscheiden. Die „Ereignisse von 1888" mögen so wichtig sein als sie wollen, so entscheiden sie über die Frage gar nichts, ob es möglich und rätlich ist, die letzten 30 Jahre, seit 1871, jetzt schon in den regelmäßigen geschichtlichen Unterricht hineinzuziehen.

selbst — Wiederholung des in der Stunde 1 Gebotenen zu Anfang der Stunde 2 und nach Absolvierung eines größeren Abschnitts Wiederholungen im Großen. Eine andere Form, die hie und da in Anwendung gebracht, eifrig empfohlen, ebenso eifrig zurückgewiesen, neuerdings infolge einer Anregung der neuen preußischen Lehrpläne unter der Etikette „kleinere Ausarbeitungen" wieder einzudringen Miene macht, ist das Geschichtsextemporale. Es wäre gegen ein solches dann und wann zu fertigende nicht viel einzuwenden, wenn irgend welche Garantie gegeben wäre, daß diese gar nicht leicht zu behandelnde Sache auch immer mit Verstand und Maß, *ratione modoque* gehandhabt würde: einmal aber fehlt die Zeit, um dergleichen Dinge durch häufigeres Üben fruchtbar zu machen, und zweitens ruft die Furcht vor dem bevorstehenden aus dem Vollen geschöpften Fragezettel bei den Schülern jene Parforcerepetitionen hervor, gegen die man, und einigermaßen mit Recht, im Jahre 1892 in dem neuen Abiturientenreglement eine so nachdrückliche und auch wirkungsvolle Kanonade eröffnet hat. Indes: wenn irgendwo, so hat man allerdings hier auf Untersekunda beim Geschichtsunterricht Zeit, einigemale solche „kleine Ausarbeitungen" historischer Art in der Klasse machen zu lassen, und ein geschickter Lehrer wird sorgen, daß die Schüler daraus den bescheidenen Gewinn ziehen, den wir uns von diesen Ausarbeitungen überhaupt versprechen dürfen. Eine andere Frage noch erhebt sich auf dieser Stufe: erst auf dieser soll der Schüler sich beim Vortrag des Lehrers Notizen machen dürfen, was man früher kurz und gut nachschreiben nannte. Die Frage ist in ein neues Stadium getreten durch die weite Verbreitung, die das Stenographieren gefunden hat. Sie macht sich weiterhin bei dem Gesamtunterricht der Oberstufe geltend und berührt wie natürlich ganz besonders dies Kapitel von der Repetition. Für meinen Teil habe ich das Nachschreiben — in den früheren Klassen verbietet es sich von selbst aus guten Gründen — bei den auf Untersekunda angelangten Schülern gehemmt oder gefördert, je wie ich bei der Repetition entweder auf mechanisches Wiederholen oder auf chronische Zerstreutheit stieß. Man wird gut tun, kein Dogma aufzustellen und dem Beobachten und dem Takte des Lehrers etwas zu überlassen. Dem Einen Grund allerdings, daß der Schüler an gespannter Aufmerksamkeit zu sehr einbüße, wenn er schreibe, können wir kein großes Gewicht beimessen. Der Vortrag mag so interessant, so lebendig, so „schön" sein, als er will und als er dem einen oder dem andern selbstgefälligen Lehrer vorkommt: Schüler bleibt Schüler und nachmittags um 2 Uhr, oder um 11 Uhr, oder gar, wo die neueste Verkehrtheit des reinen Vormittagsunterrichts eingeführt ist, in der fünften Stunde von 12—1 ist die große Mehrzahl der Schüler gar nicht im stande, diesem Vortrag und wenn es nur 20 Minuten hintereinander wären, mit „gleichmäßig gespannter" Aufmerksamkeit zu folgen. So rein mechanisch, wie man sagt, wird ein solches Nachschreiben doch auch nicht sein können und so ganz zu verachten ist deshalb jenes Mittel, durch ein vom Schüler selbst ergriffenes *lene tormentum* dem Aufmerken etwas nachzuhelfen, deshalb nicht.

Man wird bei dieser Repetition von Stunde zu Stunde häufig auf

Schüler stoßen, die sehr geläufig und glatt den Inhalt der vorhergehenden Stunde, selbst mit den *verba magistri* wiederholen können. Man dringt in den unteren Klassen jetzt überall sehr auf das „Wiedererzählen" und der preußische Lehrplan von 1892 schließt seine „methodischen Bemerkungen" zu dem Fach mit dem Worte: „der mündliche freie Vortrag muß in dem geschichtlichen Unterricht besonders geübt werden", was jetzt 1901, zu unserer besonderen Freude mit der bescheideneren und also richtigeren Fassung vertauscht ist: S. 49 „die freie zusammenhängende Wiedergabe des Gelernten durch die Schüler muß im Geschichtsunterricht nach Möglichkeit geübt werden". Mit anderen Worten man muß die Schüler gewöhnen, was und wo sie etwas zu sagen haben, sich gut auszudrücken. Dafür ist allerdings der geschichtliche Unterricht besonders fruchtbar, aus dem einfachen Grunde, weil es besonders schwierig ist, sich über geschichtliche Zusammenhänge verständlich auszusprechen. Eben darum muß der Lehrer ein gemischtes System befolgen, schwierigere Partien rein katechetisch wiederholen, und auch bei leichteren wird er den „Vortrag" des Schülers nicht selten unterbrechen, da und dort einen Ausdruck berichtigen, eine leere Phrase ablehnen, dem Verständnis durch eine Frage nachhelfen müssen. Selbstzweck darf der „freie Vortrag" nie sein — hier ist auch kein dringendes Bedürfnis zu befriedigen, denn in Wahrheit hat die Fähigkeit des „freien Vortragens" in der Welt in einem beinahe erschreckenden Maße zugenommen. Geschichte lernen, nicht Glattredenlernen, muß der Zweck auch jenes frei Vortragens oder jener freien zusammenhängenden Wiedergabe des Gelernten bei der Repetition sein.

Die Repetitionen größerer Abschnitte, bei denen das geschichtliche Material in neuer Form unter anderen Gesichtspunkten reproduziert wird, dürfen, obgleich hier in Untersekunda nach preußischem Lehrplan verhältnismäßig viel Zeit vorhanden ist, demungeachtet nicht zu weit ausgesponnen werden: nicht das Detail, nicht die Erzählung wird repetiert, sondern das grundlegende Tatsächliche, die entscheidenden Momente, gleichsam das Geschäftliche der geschichtlichen Bewegung wird behufs Einprägung verständig aufgefaßten Geschichtsmaterials noch einmal in Frage und Antwort zusammenfassend durchgenommen, und die Schüler haben, um diese Operation mit Nutzen an sich vollziehen zu lassen und mit zu vollziehen, den betreffenden Abschnitt des Lehrbuchs, das solchem Zweck vor allem zu dienen bestimmt ist, zu Hause durchzuarbeiten. Bei diesen Repetitionen, die ich, wie ich jüngeren Fachgenossen nicht verhehlen will, für die allerschwierigste der Aufgaben halte, die uns bei unserem Geschäft gestellt werden können, muß sich die Lehrkunst zeigen, und sie gelingen nicht immer so vollkommen, daß man sie noch etwas verschönert der Walhalla der „Lehrproben und Lehrgänge" einverleiben könnte. Notwendig ist, daß der Lehrer sich a) über einen leitenden Gesichtspunkt klar ist und b), daß er sich vorher nach diesem Gesichtspunkt eine Disposition entwerfe, die er aber nicht gleich wieder, als wenn das etwas Besonderes wäre, drucken zu lassen braucht. Hat man also z. B. den Abschnitt 1740 bis 1789 ausführlich vorgetragen und von Stunde zu Stunde sich überzeugt, daß das einzelne richtig aufgefaßt und verstanden worden ist, so kann

man diesen Abschnitt unter dem Gesichtspunkt der Regierung des bedeutendsten Mannes der Epoche, Friedrich des Großen, wiederholen, und zwar
I. Seine Regierung im Innern: Art derselben, Hofhaltung, Umgebung, persönliches Regiment, dann
a) Heeresverwaltung, b) Finanzen, c) Landesverwaltung — Ackerbau, Handel u. s. w., d) Justiz, e) Volksbildung, Kunst, Wissenschaft,
II. Seine Beziehungen zu auswärtigen Mächten,
a) zu Österreich — seine deutsche Politik in diesem Zusammenhang, b) Rußland, c) Frankreich, d) Großbritannien, e) Schweden — u. s. w.

Daß in irgend einem der aufgestellten Punkte ein wesentlicher Unterschied bestehen müßte zwischen dem Geschichtsunterricht an Gymnasien und dem an Realanstalten glaube ich nicht, muß mich aber, da mir für die letzteren aus jüngster Zeit keine eigenen Erfahrungen mehr zu Gebote stehen, bescheiden. Daß man gerade an Realschulen großes Gewicht auf den geschichtlichen Unterricht legen muß, wurde schon bemerkt. Da wo der Klassenplatz unter Berechnung der Zensuren in den einzelnen Fächern festgestellt wird und dabei, wie billig, die Fächer verschiedene Zahlenwerte repräsentieren, würde ich das Geschichtszeugnis etwa dem des Englischen gleichstellen, auch häufiger als an Gymnasien Aufsatzthemata dem geschichtlichen Gebiet entnehmen. Auch werden bei den Gesamtrepetitionen vielfach sich hier andere Motive ergeben, als beim Gymnasium, worüber aber, da solche Motive sich aus dem gesamten Charakter des Stoffs und seiner besonderen Auffassung und Behandlung auf Realschulen auch nach der Auffassung des jedesmaligen Lehrers ergeben, hier nicht fruchtbar geredet werden kann.

Eines könnte hier zum Schlusse noch Erwähnung finden: die Förderung, welche Geschichtssinn und Geschichtskenntnis durch häusliche Lektüre finden können. Auf diese kann der Lehrer einigen Einfluß üben, namentlich wenn er die Schülerbibliothek verwaltet oder wenigstens kennt: vor Überspannung dieses Einflusses ist aber eher zu warnen. Die Schule, d. h. der Lehrer soll nicht mehr beherrschen wollen, als sie mit ihren, er mit seinen Kräften erreichen kann und es ist eine Utopie oder, daß wir es gerade heraussagen, eine geschwollene Phrase, wenn man von einer „durch die Schule" „weise geregelten" und geleiteten häuslichen Lektüre und ihren Segnungen spricht. Der Lehrer mag raten, wo man seinen Rat begehrt, und auch dann und wann, wo man diesen Rat nicht begehrt, er ihn aber für nützlich erachtet. Sonst aber muß dies Gebiet frei sein, und man muß nicht einem Schüler, der lieber naturgeschichtliche oder geographische Bücher liest, geschichtliche Lektüre aufreden oder aufnötigen. Die einschlägige gute Literatur, Archenholz, Treitschke, Häusser u. s. w. müssen da sein, und der Lehrer kann dann und wann ein lobendes, anempfehlendes Wort nach dieser Richtung fallen lassen, das dann auch meist von solchen Schülern, welche Interesse an geschichtlichen Dingen gewonnen haben, aufgenommen werden wird. Und mehr ist nicht nötig.[1])

---

[1]) Bei Verwaltung einer Schülerbibliothek ist mir die Vorliebe der älteren Schülerklassen für den historischen Roman aufgefallen: was von Ebers, Felix Dahn, Freytag,

Hier wäre vielleicht der Ort von den allerlei nebenherlaufenden Förderungsmitteln des Geschichtsunterrichts, den Geschichtsbildern, Trachtendarstellungen, Besuch von Museen oder gar Bibliotheken und Archiven zu reden: in dem obenerwähnten Buch von J. Collard S. 404 ff. ist dies in einem ausführlichen Kapitel *Le moyen âge étudié par les monuments de Louvain* dargelegt und Ähnliches mag sich auch in deutschen Schriften finden; es wird nicht an solchen fehlen, die uns zu den geographischen und naturwissenschaftlichen Spaziergängen auch noch historische empfehlen. Mit unserer Aufgabe hat das alles wenig oder nichts zu tun, weil es gänzlich von Ort, Zeit, Individualität des Lehrers abhängt. Daß ein lokalgeschichtliches Moment — die Projicierung der allgemeinen Geschichte auf Köln oder Danzig oder die heimatliche Landschaft überhaupt — belebend wirken kann und bei der Lösung der Aufgabe geschichtlichen Unterrichts Beachtung verdient, ist einleuchtend, zugleich aber muß davor gewarnt werden, diesen Dingen, für deren richtigen Gebrauch die Schüler höherer Anstalten noch nicht vorbereitet sind sondern erst vorbereitet werden, zu viel Wert beizulegen.

III. Obere Stufe.
(Obersekunda, Unterprima, Oberprima.)

Damit wären wir denn an dem Wendepunkt angelangt, den im Jahr 1892 die neue preußische Ordnung so scharf markiert hat, daß man geneigt war, die absolvierte Untersekunda als eine Art „Majorsecke" anzusehen, an welcher sich untrüglich entscheiden werde, wer zur Fortsetzung der Gymnasialstudien geeignet und demnächst willig sei: wer die Abschlußprüfung, dachte man, erst nach anderthalb oder zwei Jahren Untersekunda besteht, hält inne und wendet sich irgend einem praktischen Lebensberufe zu. Diese Erwartung, als ob, wie früher bei den Realgymnasien, einige gute und nahezu alle schlechten Schüler mit Untersekunda abgehen und nur eine Art Selekta zurückbleiben werde, hat sich nicht erfüllt: um so weniger, als gleichzeitig die Abiturientenprüfung erheblich erleichtert worden ist. Der Gesamtcharakter der Obersekunda und demgemäß der ganzen Oberstufe in den deutschen Gymnasien wird nicht anders sein, als bisher. Das geistige Niveau dieser Oberstufe wird an preußischen Gymnasien etwas niedriger — vielleicht demnächst sehr bemerkbar niedriger sein, als bisher, weil der ganze Lehrplan bis Untersekunda incl. mehr als billig auf diejenigen zugeschnitten ist, welche mit dieser Klasse das Studium abbrechen, und weil die Voraussetzung, daß man künftighin es in den drei letzten Jahrgängen mit einer mäßigeren Anzahl relativ befähigterer Schüler zu tun haben werde, nicht zutrifft. Auch der Lehrer der Geschichte wird gut tun, sich in dieser Richtung jeder Illusion zu entschlagen.

Willibald Alexis da war, war stets überaus gefragt: auch Walter Scott: und gegen das letztere hatte ich auch gar nichts einzuwenden, wogegen mir bei Büchern wie etwa Dahns Kampf um Rom ernste Bedenken aufgestiegen sind, ob nicht durch solche outrierte Darstellung, von anderem Schaden abgesehen, eben dem Sinn für geschichtliche Auffassung empfindliche Schädigung drohe. Daß man aus Romanen nicht Geschichte lernt, wie manchmal naiver Dilettantismus meint, braucht man uns nicht, hat aber zuweilen Anlaß, es unsern Schülern zu sagen.

Mit Obersekunda beginnt, nach der jetzigen Ordnung der Mehrzahl der deutschen Gymnasien, die zweite Wanderung durch das weite Gebiet der Geschichte, die gewissermaßen dasjenige leisten muß, was im parlamentarischen Leben die zweite Lesung leistet oder leisten soll. Eine dritte, entscheidende, die geschichtliche Bildung oder Vorbildung auf der Schule abschließende Lesung gibt es nicht: Versuche dazu, repetitorische Zusammenfassung u. dergl. scheitern einfach an Mangel an Zeit; eine Anzahl derer, welche nach beendeter Gymnasiallaufbahn eine Universität besuchen, — von den wenigen, welche speziell Geschichte studieren wollen, abgesehen — wird vielleicht noch eine und die andere geschichtliche Vorlesung hören, und eine doch nicht ganz geringe Zahl wird ihre geschichtlichen Kenntnisse durch Lektüre geschichtlicher Werke zu vervollständigen suchen, wie man daraus schließen kann, daß hervorragende Werke allgemeingeschichtlichen Charakters eines großen Absatzes sich erfreuen. In dieser Beziehung scheint uns ein Fortschritt verzeichnet werden zu dürfen, wenn wir z. B. sehen, daß ein so vorzügliches Geschichtswerk, wie Schlossers Universalhistorische Übersicht der Geschichte der alten Welt und ihrer Kultur (1826) es zu keiner zweiten Auflage gebracht hat, während jetzt tüchtige Werke wie z. B. das gleichfalls 9bändige und nur einen Teil der griechischen Geschichte umfassende Werk von Max Duncker oder Friedländers Darstellungen aus der Sittengeschichte Roms, welche so gut wie jenes von Schlosser einen ernsten wissenschaftlichen Charakter tragen, in 20 Jahren 1862—1881 fünf Auflagen erleben: und ähnliche Beispiele ließen noch in erheblicher Zahl sich beibringen. Es ist also — und dies mag sich der Geschichts- und vielbescholtene Gymnasiallehrer zum Trost sagen, — doch noch nicht so weit, wie etliche meinen, daß die kluggewordene Welt ihre Bildungselemente nicht mehr der Vergangenheit und dem Altertum, sondern ausschließlich der Gegenwart entnehmen wolle.

Sehen wir zunächst, was der übrige Unterricht für die historische Bildung, die dann in dem besonderen Geschichtsunterricht sozusagen inventarisiert und reguliert wird, beisteuert.

Obersekunda.

Sehr wichtig, von neuem wichtig, in neuer Art wichtig wird auf dieser oberen Stufe, zunächst also der Obersekunda, der Religionsunterricht. Er bietet ein Doppeltes: er befestigt, vertieft und läutert die sittlich-religiöse Anschauung vom Menschen und seiner Bestimmung, von der aus allein, wie wir gesehen, eine geschichtliche Betrachtung der menschlichen Dinge möglich ist und lohnt, und er führt in eine, auch von rein geschichtlichem Standpunkt aus betrachtet, wertvollste Sammlung von Urkunden über die Menschengeschichte ein: und zwar tut er beides in einer der höheren Stufe der Reife entsprechenden Weise, indem er ein wissenschaftliches Moment in dieses Lehrgebiet trägt. Der Geschichtslehrer sollte sich, was selten geschieht und doch zum mindesten auf evangelischem Boden nicht schwer ist, mit diesem Teil des Unterrichts in einer gewissen Fühlung halten: in den historischen Seminarien unserer Universitäten wird davon vermutlich nichts vorkommen und die Zeiten scheinen vorüber, wo ein großer Geschichtslehrer, Niebuhr, in einer akademischen Vorlesung einen aufrichtigen Wandel vor Gottes Angesicht unter den Quellen der Erkenntnis römischer Geschichte nennen konnte.[1])

Neben der Religionslehre ist dann wiederum das Deutsche als eine reichlich strömende Quelle jener historischen Erkenntnis im weiteren Sinn zu nennen. Wenn man, wie Philipp Wackernagel im 4. Teil seines deutschen Lesebuchs mit Recht getan, dem deutschen Unterricht, von Sexta bis Prima, die in dieser Formulierung sehr einfache, aber in ihrer Durchführung außerordentlich vielgestaltige und umfassende Aufgabe zuweist in die deutsche Nationalliteratur einzuführen, so ist das geschichtliche Moment damit sattsam betont, und es leuchtet ein, daß dieses Moment ganz besonders stark wirkt, wenn man, wie herkömmlich und wie auch in den neuen preußischen und sächsischen Lehrplänen geschieht, in Obersekunda einiges Mittelhochdeutsche liest, also tief in die Vergangenheit unseres Volkes zurückgreift. Der jetzige preußische Lehrplan verzichtet für die Oberstufe auf Festsetzung bestimmter Klassenpensa für die deutsche Lektüre: daß für Mittelhochdeutsches die richtige Stelle die Obersekunda ist, dürfte einleuchten. Die Rechtfertigung liegt schon darin, daß zwar keine eigentliche Literaturgeschichte auf der Oberstufe gelehrt wird, doch aber bei der Lektüre der geschichtliche Gang im Ganzen eingehalten werden muß. Daß aber zu dieser geschichtlichen und vollen Wirkuug auch die Sprache gehört, man mithin, was von den Nibelungen, Kudrun, Walter u. s. w. gelesen werden kann, nicht in „Übersetzungen", sondern in ihrer eigenen Sprache lesen muß, ist so ungeheuer selbstverständlich, daß es nur und nur auf kurze Zeit in einem amtlichen Lehrplan (1882/1892), wo viele Köche bekanntlich schon manchen Brei verdorben haben, hat verkannt werden können. Der Unglimpf, welcher in dem preußischen Lehrplan von 1882 den deutschen Gymnasien dadurch angetan worden ist, daß man Schülern, die den Homer im Urtext lesen durften, es versagte, die Nibelungen in deren eigenem Deutsch zu lesen, und dem Lehrer es verbot, dieses Deutsch beim Unterricht zu Grunde zu legen, ist denn auch in den neueren Lehrplänen so gut wie zurückgenommen: es ist aber ein eigentümliches Phänomen, daß man in einer Zeit, wo man das Deutsche „in den Mittelpunkt des Unterrichts" gestellt hat, und wo man alle Geister lautphysiologischer Turnkunst zu Hilfe ruft, um ein möglichst vollkommenes Französisch zu erzielen, deutschen Jünglingen, zumeist Söhnen der leitenden Klassen und die beanspruchen selbst wieder Glieder dieser leitenden Klassen unserer Nation zu werden, nicht eine oberflächlichste Berührung mit der eigenen Sprache in ihren früheren Stadien vergönnen will — „Einführung in das Nibelungenlied unter Veranschaulichung durch Proben aus dem Urtext, die vom Lehrer zu lesen und zu erklären sind". Für unsern, den historischen Standpunkt versteht es sich von selbst, daß der Schüler unserer Gymnasien und der ihnen gleichwertigen, freilich nicht gleichartigen Anstalten das nicht bloß vom Lehrer sich vorlesen läßt, sondern es selber liest, und eine Zeitlang darin heimisch wird. Wir sind keine

---

[1]) Vorlesungen über römische Geschichte, ed. Isler I, 75.

Fanatiker des Mittelhoch- oder Altdeutschen, können nicht einmal die, wir denken von Vilmar aufgebrachte, Terminologie von einer zweimaligen „klassischen" Literaturperiode unserer Nation uns aneignen: eine persönliche Berührung aber mit der älteren naiven — zum mindesten für uns naiven — deutschen Sprache verlangen wir allerdings für alle unsere höheren Schulen unbedingt, und für die lateinlose Oberrealschule ebensosehr wie für das Gymnasium, als ein unentbehrliches Stück quellenmäßiger Kenntnis des geschichtlichen Lebens unseres Volkes. Mehr nicht: eine Bereicherung des Auffassungsvermögens und des tieferen Verständnisses für das Menschenleben überhaupt und somit auch für geschichtlich gewordenes Menschenleben versprechen wir uns von der fortgesetzten oder hier wieder aufzunehmenden Lektüre der „Gedankenlyrik" Schillers und Goethes. Eine unmittelbare Verbindung zwischen beiden Fächern, Deutsch und Geschichte, findet auch hier nicht statt: nur etwa im deutschen Aufsatz mag bei dem und jenem Thema der Schüler mit dem im Geschichtsunterricht bis dahin gewonnenen Stoffe operieren.

Nur wenige Berührungspunkte mit dem geschichtlichen Unterricht bietet das Französische, wenngleich auf Obersekunda häufig, auch mit Recht, französische historische Prosa gelesen wird, z. B. Bonapartes ägyptische Expedition in der Darstellung von Thiers, von der nach und nach eine ganze Anzahl von Schulausgaben erschienen ist. Hier wird in der Tat der Schüler auf einfache Weise in eine fremde, die modern-orientalische Welt und in Beziehungen europäischer Politik eingeführt, die ihm sonst ferne liegen und doch seinen Gesichtskreis auf ganz erwünschte Weise zu erweitern geeignet sind. Im übrigen hat das Französische für Gymnasium und Realschule seinen Wert und seine Aufgabe in sich selbst und für Gymnasien vor allem darin, daß dieser Unterricht dem Schüler die Mittel reicht, sich künftighin als Student und als Mann über dasjenige Gebiet, das er sich zu seinem Lebensberuf erwählt haben wird, auch aus französischen Quellen zu unterrichten. Denselben — zunächst — Nützlichkeitszweck hat auch die Erlernung des Englischen, die auf dem Gymnasium, fakultativ, in dieser Klasse beginnt: wobei wir allerdings nicht vergessen dürfen, daß jede neue Sprache, die wir lernen, uns einen neuen Horizont auftut: was auch vom Hebräischen gilt, das ein kleiner Teil der Schüler gleichfalls auf dieser Stufe zu lernen anfängt.

Im Lateinischen und Griechischen geht die historische Quellenlektüre in der Form des Sprachunterrichts weiter fort und der preußische Lehrplan von 1882 ging so weit festzusetzen „Livius und Sallust mit besonderer Rücksicht auf den Geschichtsunterricht". Es ist uns nicht völlig klar, wie dies, das in ähnlichen Verordnungen seither oft wiederkehrt, gedacht ist, auch nicht, ob dies Moment 1901 S. 31 des Lehrplans mit den Worten: „Ein bisher noch zu wenig gewürdigter und doch für die gegenseitige Stützung der Unterrichtsfächer wichtiger Gesichtspunkt ist die Herstellung einer näheren Beziehung zwischen der (lateinischen) Prosalektüre und der geschichtlichen Lehraufgabe der Klasse" einfach wieder aufgenommen wird. Eine „besondere Rücksicht" auf den geschichtlichen Unterricht verlangen wir unsernteils gar nicht. Man kann allenfalls sagen, daß die

Lesung des ersten Buchs von Livius' Geschichtswerk, das die volkstümlich gewordene Überlieferung mit schönem, warmem, poetischem Empfinden darstellt, uns gestatte, im Geschichtsunterricht die römische Königszeit mit kurzen Worten abzumachen, was jetzt ohnehin nötig werden wird: ganz falsch aber wäre es, etwa den zweiten punischen Krieg in der Geschichtstunde kürzer zu behandeln, weil der Schüler ja ein Stück davon, dessen erste Jahre, in seinem Livius gelesen hätte. Wenn wir sagen, daß die Lektüre der alten Schriftsteller wesentlich historische Quellenlektüre sei, so meinen wir etwas anderes: nämlich dies, daß wir uns durch diese Schriften, indem wir ihr Verständnis langsam, Schritt für Schritt, Redewendung um Redewendung übersetzend d. i. nachdenkend erarbeiten, in die Vergangenheit, deren Repräsentanten sie sind, hineinleben, was beim eigentlichen geschichtlichen Unterricht schon aus Mangel an Zeit nur selten überhaupt möglich und auf keinen Fall in so intensiver Weise möglich ist. Von Wichtigkeit ist allerdings auch dies schon, daß der Jüngling, indem er Caesar, Xenophon, Thiers, Macaulay, Livius, Sallust kennen lernt, nach und nach auch einen Begriff von den verschiedenen Arten Geschichte aufzufassen und darzustellen bekommt. Mehr Wert aber liegt in dem Stoffe selbst: alles was auf Obersekunda an lateinischen und griechischen Schriften gelesen wird, fördert das Geschichtsstudium dadurch, daß es uns in eine bestimmte geschichtliche Umgebung und Atmosphäre versetzt. So insbesondere die Reden Ciceros, welche der in dieser Klasse gemeinhin gelesenen wir immer nehmen mögen. Sie lassen uns entweder, wie die katilinarischen, kritische Momente im Leben eines großen Staatswesens mitdurchleben, oder sie lassen uns erkennen und, was für den Geschichtssinn nicht minder wichtig ist, empfinden, wie große Ereignisse und Wendungen der Geschichte auf das individuelle Glück oder Unglück zurückgewirkt haben, wie die *pro Roscio Amerino*, die uns ins das Leben italischer Gutswirtschaften und italischer Landstädte des ersten Jahrhunderts v. Chr. einführt. Dies gilt natürlich ebenso vom Griechischen, den Hellenica oder den Memorabilien oder ausgewählten Reden des Lysias: überall ist geschichtlicher Hintergrund und fast möchten wir sagen, je weniger bedeutend die Persönlichkeit, um die es sich dabei handelt, Sextus Roscius, oder Agoratos oder der Invalide der 24. Rede des Lysias ist, desto besser. Es ist für Erweckung eines echten historischen Sinnes sehr wichtig, daß diesen Jünglingen deutlicher wird, wie Geschichte nicht bloß die Geschichte der oberen Zehntausend, sondern auch die des Volkes, der Hunderttausende oder Millionen ist. Wir haben an anderer Stelle[1]) die Geschichte eines kleinasiatischen Sklaven in den Zeiten des peloponnesischen Kriegs aus einer Zeile im 9. Buch von Xenophons Anabasis herzustellen versucht und würden uns anheischig machen, eine ganze Reihe solcher Lebensbilder gewöhnlicher Leute aus den Schriften der Alten von Homer bis auf Horaz oder etwa den jüngeren Plinius herauszuarbeiten: jeder Lehrer, der nur überhaupt auf diesen Gesichtspunkt eingeht, kann eine Menge solcher Beispiele finden, die ein sehr einfaches und dabei sehr wirksames Mittel

---

[1]) Pro domo S. 136 ff.

bilden, diesen Unterricht „interessant" oder sagen wir lieber fruchtbar, fruchtbar im Sinne des echt historischen *nihil humani a me alienum puto* zu machen: schon in Quarta und Tertia, geschweige in Obersekunda und Prima, wo wir bei Horaz noch mit einem Worte darauf zurückkommen müssen.

Was endlich die Geographie betrifft, so wird man sie als mathemathische auf der oberen Stufe der Physik zuweisen und das übrige Geographische als angewandte Geographie oder, da man hier einen ganz chemisch reinen deutschen Ausdruck brauchen kann, als angewandte Erdkunde ohne weiteres dem Geschichtsunterricht einverleiben. Nicht so, wie der preußische Lehrplan will, oder wie die utopische Verfügung, welche für die Oberstufe kurzerhand in jedem Halbjahr mindestens sechs geographische Repetitionen und dabei doch für die Prima die Geschichte „bis zur Gegenwart" verlangt — „Sonstige Wiederholungen im Geschichtsunterricht nach Bedürfnis", als ob es sich um förmliche geographische Repetitionen handle, sondern vielmehr so, daß der Lehrer beim geschichtlichen Unterricht überall die Lokale der Begebenheiten genau bestimmt, und so dafür sorgt, daß diese Lokalitäten, diese Flüsse, Berge, Städte dem Schüler nicht, wie sie es in den Tagen meiner Jugend uns gewesen und wie sie wahrscheinlich noch immer vielen sind, bloße Buchstabenzusammenstellungen bleiben. In dieser doch so natürlichen Verbindung des Geographischen mit dem Geschichtlichen wird erfahrungsmäßig noch immer sehr wenig getan und also auch sehr wenig geleistet, und doch verleiht dies, neben dem genauen Datieren, einem anderen häufig genug arg vernachlässigten Moment, dem Geschichtsvortrag erst die wünschenswerte Bestimmtheit.

Der eigentliche Geschichtsunterricht der Oberstufe, die zweite Lesung des großen Buchs der Menschengeschichte, umfaßt einen 3jährigen Zeitraum mit immer drei Wochenstunden, und davon entfällt naturgemäß das erste Jahr Obersekunda auf die alte Geschichte: griechisch-römische also bis zum Untergang des weströmischen Reichs.

Bekanntlich hat die alte Geschichte, zwei Stunden wöchentlich, früher das Pensum zweier Klassen, Untersekunda griechische, Obersekunda römische, gebildet und dies hat unter anderem auch möglich gemacht, der alt-orientalischen Geschichte einige Zeit zu gönnen. Dieser 2jährige Unterricht in alter Geschichte gerade auf dieser Stufe, wie der alte preußische Lehrplan ihn anordnete, ist sehr fruchtbar gewesen, und wir verstehen es sehr gut, wie oben berührt, daß viele ihm nachtrauern, wie wir selbst tun. Er ergänzte den altsprachlichen wie dieser ihn und er schuf einen ziemlich reichen und sichern Besitz an geschichtlichem Wissen auf jenem bestimmten Gebiet und mithin von geschichtlichen Anschauungen für alle Gebiete — ein Wissen, mit dem ein Lehrer von Einsicht in Prima bei Aufsatzbesprechungen, Dispositionsübungen u. s. w. aufs trefflichste wuchern konnte. Vorläufig ist aber daran nichts zu ändern und darum nichts zu klagen.[1]) Man muß sich nun allerdings etwas anders einrichten.

---

[1]) Wir begreifen die Entrüstung der eigentlichen Irredentisten unter uns, welche das Gymnasium in seiner alten Reinheit incl. des lateinischen Aufsatzes wiederherstellen

Zunächst: man wird den geschichtlichen Stoff einer genauen Sichtung unterziehen müssen. Ein Mißstand ist hier, daß unsere Lehrbücher darauf noch nicht recht eingerichtet sind, und bekanntlich hat die übereilte Reform in dem größten deutschen Staate namentlich im Lehrbuchwesen wahrhaft chaotische Zustände heraufbeschworen und es wird lange dauern, bis hier wieder sich geordnete Zustände — in der Wirklichkeit meinen wir, nicht bloß in den Programmen — bilden. Die neuen Lehrbücher sind etwas zu rasch aus dem Boden geschossen, um uns viel Vertrauen einzuflößen: die älteren, wie Herbst, bemühen sich durch möglichste Kürzung zu helfen, aber keine Redaktionskunst wird die ursprüngliche Anlage ganz verwischen können und so ist man an einzelnen Orten darauf verfallen, was uns gar kein zu verwerfender Ausweg scheint, einfach das auf Ein Jahr berechnete Buch für Quarta wieder hervorzuholen, wo der notwendigste Lernstoff ja allerdings gegeben ist, und zu ergänzen und umzuprägen, was vom Standpunkt der höheren Reifestufe zu ergänzen urd umzuprägen ist. In jedem Falle wird man wie in Quarta und mehr noch als dort, wo es sich von selbst verbietet, sich hüten müssen, die Zeiten, bei denen wir mehr oder weniger auf Hypothesen angewiesen sind, ausführlich zu behandeln: während längere Zeit es eine Art Mode gewesen zu sein scheint, namentlich in der römischen Geschichte die älteren Zeiten, den Ständekampf in allen seinen legislatorischen Details, die Kämpfe mit den Italikern in den drei Samniterkriegen u. s. w. recht ausführlich zu behandeln. Man wird aber die vorsolonische Zeit und die erste Periode der römischen Geschichte bis zum Konflikt mit Karthago selbst noch knapper behandeln können, als auf der mittleren oder ersten Stufe und die Notwendigkeit, mit der knapp zugemessenen Zeit auszukommen, wird — ein $\beta \iota \alpha \iota o \varsigma$ $\delta \iota \delta \acute{\alpha} \sigma \kappa \alpha \lambda o \varsigma$, wie Thukydides vom Kriege sagte — eine gewaltsame Lehrerin schon dafür sorgen, daß der Lehrer auf seine besonderen Liebhabereien verzichtet. Unter diesen drängt sich gegenwärtig die Kunstliebhaberei, der archäologische Elan, von dem unsere leitenden Kreise jetzt beherrscht erscheinen, sehr hervor: sie verlangt auch mit einiger Heftigkeit die hiezu gehörigen schönen und reichlichen Anschauungsmittel. Das gehört zu dem vielen Schönen und Guten,

wollen und auffordern, gerade von diesem Punkte aus den Versuch zur Wiedererstürmung der für das humanistische Gymnasium verlorenen Positionen zu machen. Wir sind nicht der Ansicht, daß dies der richtige Punkt ist. Es wäre man sich für die Geschichte noch sehr wenig gewonnen, wenn wir auch diese Position zurückeroberten. Sie wäre nur von Wert und haltbar in Verbindung mit der Wiederherstellung des Lateinischen (und Griechischen) in seine alte Stundenzahl und hier, hier allein ist der Punkt, wo anzusetzen ist, denn er ist der schwächste der neuen Ordnung und das ist schon jetzt klar, daß auf der hier betretenen abschüssigen Bahn nicht ausgehalten werden kann. Entweder es ist wahr, daß die 9 Jahre lang fortgesetzte Beschäftigung mit der wissenschaftlichen Aneignung der lateinischen und griechischen Sprache und der von ihnen repräsentierten und beherrschten Welt den Rückgrat der Gymnasialbildung ausmacht: dann muß man ihn stark genug machen und es war verkehrt, in Quarta und Tertia mit 7, in Sekunda und Prima mit 6 Stunden auskommen zu wollen. Oder es ist nicht wahr: — dann suche man einen anderen Wissensstoff als Rückgrat und statte ihn dann mit der genügenden Stundenzahl aus. Gefunden hat man ihn freilich noch nicht. Wir wiederholen dies aus unserer ersten Auflage (1895): seitdem ist das Schlimmste vorüber, der IV und III sind 8, II und I 7 Stunden Latein gegeben. Wenn der Untersekunda die achte Lateinstunde in Preußen zurückgegeben würde, der Klasse, von der das Schlimmste seines Lateins in der Lektüre froh zu werden anfängt, so würden wir uns vom Standpunkt historischer Bildung aus mit dem jetzigen Obersekundapensum zufrieden geben können.

was da und dort unter günstigen Umständen — der Schülerzahl, der lehrenden Persönlichkeit, der Ausstattung des Gymnasiums u. s. w. geschehen kann, woraus aber kein didaktisches oder gar pädagogisches Dogma gemacht werden darf. Ein besonnenes Wort ist darüber im Jahre 1892 auf der ersten Generalversammlung des bayerischen Gymnasiallehrervereins durch Rektor Lechner von Nürnberg, „inwieweit kann die bildende Kunst der Alten im Gymnasialunterricht berücksichtigt werden" (Freising 1892) und noch jüngst (1904) in Marburg von Prof. Ludwig von Sybel — gesprochen worden: im allgemeinen möchte es geraten sein, den Sinn des Obersekundaners für das Kunstschöne nicht zu überschätzen.

Vielleicht ist am Platze, wenn wir hier noch ein kurzes Wort über den Gebrauch der sogenannten Anschauungsmittel sagen, der jetzt hier und da zu einem wahren Bilderdienst auszuarten droht. „Ich hasse den Luxus, denn er zerstört die Phantasie" ist ein sehr wahres Wort Goethes, das wir an einer entlegenen Stelle, im Leben des Generals Friedrich von Gagern, von Heinrich von Gagern, aufbewahrt gefunden zu haben uns erinnern: und gerade auf unserem Gebiete wirkt eine Überfülle von Anschauungsmitteln der Entwicklung der Fähigkeit inneren Schauens, die für den Geschichtsunterricht sehr wichtig ist, vielmehr entgegen. Aufnahme geschichtlicher Tatsachen erfordert große Sammlung des Geistes: und Bilder üben leicht eine zerstreuende Wirkung, da der unreife Geist nicht ein Ganzes erfaßt, sondern am einzelnen haftet, von ihm an- und auch abgezogen wird. Bei häuslicher Lektüre ist es etwas anderes, wo aber, wenn ein geschichtliches Buch historisch bildend wirken soll, auch die Bilder streng den historischen Charakter tragen müssen, keine Phantasiebilder sein dürfen. Auch bei der Klassikerlektüre lassen wir sie uns bis zu einem gewissen Grade gefallen: im Unterrichte aber und im Text der im Lektüreunterricht gebrauchten Klassikerausgaben wollen wir nichts von historischen Porträts und dergleichen wissen, weder auf dieser noch auf irgend einer anderen Stufe. Der Geschichtsunterricht hat schon so viel zu tragen, er enthält an sich, wie sich von selbst versteht, auch kunst- und kulturgeschichtliche Momente, aber er darf nicht zugleich auch Kunst- und Kulturgeschichte sein wollen, wenn er sich nicht ins Uferlose verlieren soll.

Man wird nun aber hier, bei 16-, 17jährigen Jünglingen, zu einem Mittel der Ergänzung der knapp zugemessenen Zeit schreiten dürfen oder müssen, das allerdings nicht ganz in unserer Hand liegt, und nicht so ganz wie der Unterricht unserem Willen untertan ist: der häuslichen Lektüre. Es ist nicht zu viel gefordert, wenn man angesichts der Notlage, in der sich der Geschichtsunterricht durch seine ungeheure Stoffmasse und knappe Zeit befindet, von den Schülern verlangt, daß sie ein gutes Buch über griechische oder römische Geschichte zu Hause lesen sollen. Man darf ihnen hier schon mit Nachdruck sagen, daß die Aufgabe des Gymnasiums sei, studieren zu lehren, und mithin ihre, der Schüler Aufgabe, studieren zu lernen, und daß dazu unter anderem auch die Fähigkeit gehöre, ein verständiges Buch über einen ihnen im Schulunterricht nahegebrachten Gegenstand mit Verstand zu lesen. Von besonderer Bedeutung scheint uns diese Anregung zu historischer Lektüre für die Schüler der oberen Klassen unserer Realanstalten zu sein, unter denen manche sind, die dadurch für ihr ganzes späteres Leben ein Mittel fortwährender Weiterbildung und geistiger Erfrischung gewinnen können. Unter dem vielen Guten, das der Lehrer in der Stille tun kann, ohne daß er gleich darüber Thesen aufstellt oder einen Artikel in eine pädagogische Zeitschrift schreibt, ist auch dies, einem Teil seiner Schüler — wir wollen bescheiden sein — Geschmack an fortlaufender guter geschichtlicher Lektüre beizubringen.

Für den Vortrag ist hier, denken wir, kein wesentlicher Unterschied zwischen dem Gymnasium und den entsprechenden Klassen der Realanstalten, der Oberrealschule also; höchstens daß bei jenem die schon voraufgegangene und fortwährende Quellenlektüre einige Direktiven gibt — das eine oder andere Moment, z. B. die politische Geschichte, in den Vordergrund drängt und den Unterricht zugleich erleichtert und erschwert. Erleichtert: indem den Schülern des Gymnasiums das Gebiet dieser Geschichte schon einigermaßen vertraut, vertrauter als andere ist, weil sie hier nicht bloß von dem Land und der Zeit, da diese Dinge geschehen sind, gehört haben, sondern selbst in diesem Lande, dieser Zeit gewissermaßen gelebt haben. Erschwert: indem der Lehrer stets in Versuchung ist, sich breit auf diesem auch ihm vertrauteren Gebiete zu ergehen. Den Realschülern trage man diesen Teilen der Geschichte, die griechische und römische, als einen überaus interessanten, wichtigen, für die auf Freiheit gegründete abendländische Kultur grundlegenden Bestandteil der Menschengeschichte vor — versuche aber nicht, ihnen diejenige Art von Interesse einzuflößen, welches notwendig die Autopsie, die nur der Gymnasialschüler haben kann, voraussetzt. Man hat sich hier wohl von der Lesung oder Vorlesung von Übersetzungen klassischer Werke, Homer, Sophokles, Virgil, viel versprochen; wir können aus eigener Wahrnehmung nichts darüber sagen, hegen aber starke Zweifel hinsichtlich der Wirkung dieser Vorführungen.

Auf dieser oberen Stufe und demnach schon in Obersekunda werden hinsichtlich der Vorbereitung auf die Stunden an den Lehrer ziemlich hohe Ansprüche erhoben — vielmehr er muß sie an sich selbst erheben. Wir meinen auch hier nicht den sogenannten freien Vortrag, den wir oben schon berührten und den wir hier für die ganze Oberstufe, Obersekunda und Prima, gleich abmachen wollen. Will man mit dem Worte sagen, daß der Geschichtslehrer über jede noch so schwierige, verwickelte, schwer in die rechten Worte zu fassende Partie, z. B. die Verhältnisse, welche zu den gracchischen Reformversuchen oder zur französischen Revolution geführt haben, 30, 40 Minuten ohne irgend welche Gedächnisstütze und leitenden Faden sprechen solle, so heißt dies entweder ihn anweisen, daß er einfach das Lehrbuch paraphrasiere, oder es heißt etwas von ihm verlangen, was wir von berühmten Hochschullehrern der Geschichte, Ranke, von Sybel, Fr. Raumer, Max Duncker nicht haben leisten sehen. Und doch ist es leichter, einen akademischen Vortrag für Studenten frei — frei mit untergebreitetem Manuskript in der Regel — zu halten, als einer Gymnasial- oder Oberrealsekunda u. s. w. frei vorzutragen: der akademische

Professor hat mehr Zeit und namentlich mehr ungestörte Zeit sich vorzubereiten, er ist nur für dieses Fach da und er kann sprechen, wie er sonst seinesgleichen gegenüber sich ausdrückt, während der Gymnasiallehrer seinen Vortrag dem Verständnis noch unreifer Jünglinge oder Halbjünglinge anpassen muß. Dieser, der Gymnasiallehrer, muß also, was auch leichter gesagt als durchgeführt ist, den Rat des Dädalus befolgen, nicht zu hoch und nicht zu tief, nicht den Wolken und nicht dem Wasser zu nahe fliegen; er muß Begriffe, die der akademische Lehrer voraussetzen darf, in ihre Bestandteile zerlegen, und dabei den Schein der Weitschweifigkeit nicht scheuen; er muß aus dem, was unter höheren Gesichtspunkten als Fehler gilt, sich zu wiederholen, wichtige Dinge zwei- und dreimal mit veränderten Worten und Wendungen zu sagen, eine didaktische Tugend machen u. s. w. Wir möchten also dem Lehrer, der zum erstenmal diesen Unterricht verwaltet, den Rat geben, zunächst sich nach einem — nicht allzuhoch stilisierten und nicht allzu ausführlichen — guten Buche (nicht aber nach sechs guten Büchern) ein Heft anzulegen, das er in der Stunde ruhig und unbefangen benützen mag und von dem er sich nach und nach, von selbst, mit zunehmender Sicherheit, mehr und mehr wird emanzipieren können. Gänzlich aus der Luft und aus der Welt des Scheins gegriffen ist der Einwand, daß dies einen üblen Eindruck auf die Schüler machen, wohl gar der „Autorität" des Lehrers schaden könne: sehr im Gegenteil. Der 16-, 17jährige ist verständig genug, Fleiß des Lehrers und Arbeit des Lehrers zu würdigen und nicht der wenn auch etwas unbeholfene Fleiß, sondern nur der glattzüngige Schwindel schadet der Autorität des Lehrers. Beachten wir wohl: der geschichtliche Vortrag ist schwieriger als jeder andere Lehrvortrag und der Anfänger soll sich nicht zuviel darin zutrauen. Wird es dem Lehrer so gut, längere Zeit diesen Unterricht zu verwalten, so wird er seine Kenntnisse und sein Heft mehr und mehr aus ersten und aus guten abgeleiteten Quellen ergänzen, und sich mehr und mehr in die Welt, die er den Schülern vorführt, selbst einleben.

Denn dies: sich in diese Welt, sie heiße persischer Krieg, punischer Krieg, Bürgerkriege, Kaiserzeit hineinleben, in das Bewußtsein der Menschen einer bestimmten Zeit sich hineinleben, ist die rechte Quelle, aus der jeder Geschichtsvortrag sich erfrischt, und die doch viele gar nicht suchen und nicht alle, die sie suchen, finden. Man hört sie, wollen wir hinzusetzen, nirgends stärker und frischer rauschen, als in Niebuhrs Vorlesungen über alte Geschichte, die jeder, der alte Geschichte zu lehren hat, um ihres Tones und ihres ganzen Charakters willen studieren sollte, wie überholt und veraltet auch manches Einzelne sein mag und wie sehr auch da und dort, in seiner Darstellung Alexanders des Großen z. B., oder wenn er den Demosthenes einen Heiligen und den armen Isokrates einen alten Esel nennt, eine starke Subjektivität hervortritt. Der große Lehrer hat seine ganze Seele in diese Vorlesungen gelegt. Im übrigen können wir hier den Rat nur wiederholen, nicht zu viel von dem, was über diesen Unterricht geschrieben ist, zu lesen, sondern dessen Gegenstand, das Geschehene selbst zu studieren. Begreiflicherweise ist es auf diesem Unterrichtsgebiet ebenso schwer, des Gegenstandes — des Stoffes, der ja in Wahrheit ein unendlicher ist, Herr zu werden, ihn so zu fassen, daß er das wirklich Geschehene rein wiedergibt, ihn so zu beschränken, wie die knapp zugemessene Zeit es gebietet — als es leicht ist, über ihn zu reden, Theorien aufzustellen, über seine Wirkungen, die ethischen namentlich, große Worte zu machen.

Die regelmäßige Repetition oder Rekapitulation des Inhalts der vorigen Stunde versteht sich auch hier, wie auf allen Stufen, von selbst: für die zusammenfassenden Repetitionen am Ende jedes durchgearbeiteten Abschnitts — der 3. oder 4. Periode, in welche man die griechische und entsprechend die römische Geschichte einteilen kann z. B. — wird leider dem Einen Jahreskursus der Obersekunda sehr wenig Zeit übrig bleiben und man muß sich mit dem sehr mageren Troste helfen, daß dieser ganze Kursus alter Geschichte ein *repetere*, ein Wiederaufnehmen, Vertiefen, hie und da Erweitern dessen sei, was von Sexta bis Untersekunda an Anschauungen aus alter Geschichte im Gesamtunterricht, bei einzelnen auch durch private Lektüre gewonnen und schon einmal in Quarta in einem elementaren Kursus zusammengefaßt worden sei. Es sind etwa $3 \times 40 = 120$ Geschichtstunden, von denen für diese Repetitionen allerhöchstens zwei Stunden für jeden Abschnitt, also 16 Stunden übrig bleiben: für Subtilitäten von Verfassungstheorien und dergl. wird also keine Zeit sein. Sie sind auch nicht nötig: es ist völlig Genügendes geschehen, wenn das wichtigste Tatsächliche einer Periode unter neuem Gesichtspunkte zusammengefaßt, also in eine neue Form gegossen und so die Probe gemacht wird, ob dieses Tatsächliche für die Mehrzahl der Schüler zu einem wirklich verstandenen Tatsächlichen geworden ist: also z. B. die Periode von 264—133 der römischen Geschichte: Äußere Geschichte — nenne die wichtigsten Schlachten dieser 131 Jahre mit ihren Jahreszahlen in chronologischer Folge: Mylä, Eknomos, Panormos, ägatische Inseln — Telamon — (Ticinus), Trebia, Trasimenus, Kannä, Sena, Zama — Kynoskephalä, Magnesia, Pydna, — die drei Städtezerstörungen — Korinth, Karthago, Numantia: dann Machtstellung Roms 241, 228, 218, 201, 197, 190, 168, 133. Dann Innere Entwicklung: bedeutendste Staatsmänner dieser Zeit und ihre Parteistellung oder was sie sonst charakterisiert: Regulus, Flaminius, Fabius, Terentius Varro und Ämilius Paulus, P. Cornelius Scipio und Cato, Flamininus, Ämilius Paulus u. s. w. Neuerdings wird wohl auch hier viel mit den neuen didaktischen Mitteln, den kleinen deutschen Ausarbeitungen, operiert werden, das die Schulreform der Lehrerwelt so nahe gelegt hat und mit dem, fürchten wir, in der ersten Zeit sehr viel experimentiert worden ist. Sehr viel können wir uns für den Geschichtsunterricht davon nicht versprechen: obgleich der Lehrer gar wohl statt der mündlichen Repetition eines Abschnitts eine Frage oder einige wenige Fragen aus diesem Gebiet zu schriftlicher Beantwortung in verständigem Deutsch stellen und aus dieser Beantwortung ersehen kann, 1. wieviel Tatsächliches hängen geblieben, 2. wieweit die Fähigkeit mit geschichtlichem Stoff zu operieren, und wieweit 3. die Fähigkeit, sich über geschichtliche Dinge verständig auszudrücken, bei seinen Schülern entwickelt ist. Das hat man freilich auch seither tun können, dann und wann auch getan: ganz abgesehen davon, daß Themata aus der alten Geschichte früher ein sehr willkommenes Objekt der lateinischen Aufsätze in Prima gewesen sind, und wo die Sache verständig angegriffen wurde, ein sehr wirksames Mittel der Vertiefung in gewisse bedeutsame Fragen aus der alten Geschichte gebildet haben.

Dies führt uns aber schon zum Geschichtsunterricht auf Prima hinüber.

Prima.

Auf dem Historikertag zu Leipzig (von 1894)[1]) ist eine These angenommen worden, daß auf der obersten Stufe des Gymnasialunterrichts im systematischen Betrieb die alte Geschichte hinter der neueren, besonders der deutschen, zurücktreten müsse, der hier die planmäßigen Stunden der Hauptsache nach zu widmen seien.

Im Grunde war es unnötig, dies noch einmal zu betonen, denn darüber scheint wenig Meinungsverschiedenheit zu herrschen, daß die beiden letzten Jahre des Gymnasialkurses einer Wanderung durch die europäische Geschichte seit 476 n. Chr. gewidmet werden, daß dabei der reichlichere Anteil der sogenannten neueren Geschichte, von 1517 an, zufallen, und auch für den nunmehr, seit 1870/71 anbaufähigen Teil dieser neueren Geschichte 1815—1871 Raum gemacht werden müsse: es ist ein Vertreter der streng humanistischen Richtung gewesen, der in der Berliner Konferenz von 1873 dieser letzteren, allerdings nicht sehr schwer zu findenden Wahrheit zuerst, soviel wir wissen, nachdrücklichen Ausdruck gegeben hat. Es ist ein ganz ungerechter Vorwurf, den man den Verfechtern der Gymnasialbildung gemacht hat, daß sie die neuere Geschichte zu Gunsten der alten hintansetzen wollten: nur sehr vereinzelt sind solche Versuche aufgetreten, wie etwa in den sechziger Jahren Karl Peter mit großem Eifer den Satz verfocht, daß die alte Geschichte einen Hauptgegenstand des Geschichtsunterrichts in Prima bilden solle. Dies ist von gymnasialer Seite stets abgelehnt worden mit dem Hinweis, den jene Leipziger These wiederholt hat, daß „die vertiefende Betrachtung der alten Geschichte im wesentlichen der Klassikerlektüre zuzuweisen sei" oder, wie man früher allerdings mit mehr Recht als jetzt sagen konnte, daß eben dies, die letzte auf dem Gymnasium mögliche Vertiefung in die Welt des Altertums in Wahrheit nicht ein, sondern der Hauptgegenstand des ganzen Unterrichts in Prima sei.

Indem wir nun zunächst uns wieder nach den Zuflüssen für die Bildung des Geschichtssinnes auf dieser Stufe umsehen, müssen wir gewahren, daß bei vielen Schülern sich hier lebhafter das eigentliche wissenschaftliche Interesse regt, das bei einigen sich noch kein rechtes Bette gegraben hat, sondern noch unterschiedslos auf alles oder nahezu alles Wissenswerte, was ihnen in den Gesichtskreis tritt, erstreckt, bei anderen schon eine ganz einseitige Richtung nimmt in dem Grade, daß sie z. B. für Mathematik sich eifrig und intelligent, gegen das Sprachliche gleichgültig, gegen

---

[1]) Bericht über die zweite Versammlung deutscher Historiker. Leipzig 1894.

Ästhetisches stumpf, Historischem gegenüber geradezu dumm zeigen, oder auch in anderen Mischungen den beginnenden Spezialismus erkennen lassen. Doch fehlen auch diejenigen nicht, die bei schon sehr entschiedener Richtung auf das Fach, das ihre Lebensarbeit bilden wird, auch den übrigen Fächern ein lebhaftes Interesse oder wenigstens gewissenhaften Fleiß zuwenden und die somit diejenigen sind, welche auf unserem gymnasialen Acker die hundertfältige Frucht der Parabel des Evangeliums bringen. In Wahrheit aber treten nunmehr sehr naturgemäß die verschiedenen Wissenschaften für das Bewußtsein des Schülers mehr selbständig nebeneinander. Ihre Wechselwirkung hört natürlich nicht auf, sie wird sogar in gewissem Sinne intensiver, als seither: aber sie läßt sich bei der wachsenden Selbständigkeit der Schüler weit weniger regulieren, und nicht nach vorgeblichen Prinzipien der Konzentration lenken. Man muß nicht alles machen wollen, weil man, namentlich bei 17-, 18jährigen Jünglingen in der Tat nicht alles machen kann, und weil die Schüler dieses Alters sich gegen das, was man das tendenziöse Unterrichten nennen möchte, ablehnend verhalten; was man sich auch für den geschichtlichen Unterricht merken muß.

Wir müssen deshalb hier auch die Frage etwas anders stellen, als auf den bisherigen Stufen: wie wirken die verschiedenen Lerngegenstände auf die Bildung des Schülers? und wie verhält sich diese allmählich sich gestaltende Gesammbildung zum Geschichtsunterricht und hinwiederum dieser Geschichtsunterricht zu ihr? — und was ist mithin der Gesamtertrag — Minimal- und Maximalertrag dieses Unterrichts auf dem Gymnasium?

Das versteht sich von selbst, daß die verschiedenen Fächer wie seither, aber in augenfällig verschiedener Weise, mit dem, was der geschichtliche Unterricht will und soll, sich berühren. Sehr gering sind diese Berührungen natürlich bei der **Mathematik** und den **naturwissenschaftlichen Fächern**, wiewohl sich bei beiden für einsichtige Lehrer die Gelegenheit findet,[1]) darauf hinzuweisen, wie die Menschen schon seit sehr alter Zeit über die großen Probleme der Wissenschaft, die wir jetzt mit den der griechischen Sprache entlehnten Namen der Mathematik, Physik, des Kosmos u. s. w. bezeichnen, nachgedacht haben, wie die Erkenntnisse sehr allmählich und auch nicht ganz geradlinig fortgeschritten sind, wie ein gemeinsames Band alles Wissen umschlingt; es findet sich Gelegenheit, darauf hinzuweisen, daß, was jetzt das Barbarentum hochmütig zu verkennen scheint, die Riesenfortschritte in den Naturwissenschaften nur gemacht worden sind und ihren Einfluß auf das Leben nur gewonnen haben, weil in der Vergangenheit so viele uneigennützige Forscher das Licht um des Lichtes willen, ohne Dank und ohne Lohn, ja oft in gefährlichem Kampf mit der Lichtscheu und dem Vorurteil gesucht haben, und es wird kein Umweg sein, ein Wort davon fallen zu lassen, wie die Astronomie allmählich aus der Astrologie, und die hochheilige Wissenschaft der Chemie

---

[1]) Für dieses Unterrichtsmoment ist das griechische Lesebuch von Wilamowitz bedeutsam, das allerdings nicht unmittelbar auf dem Gymnasium, wohl aber bei einzelnen seiner strebsamen Schüler sowie auf der Universität und in pädagogischen Seminarien bei der heranwachsenden Lehrergeneration seine Dienste tun wird.

aus der Goldmacherkunst sich herausgebildet und befreit haben und wer dabei mitgeholfen hat. Ich führe dies nur an, weil ich erwachsene Knaben unter Philologen und Mathematikern kennen gelernt habe, die sich nicht ganz enthalten konnten, bei ihrem Dozieren einen verächtlichen Seitenblick auf die andere Wissenschaft zu werfen, ohne zu wissen, wie verächtlich sie in diesem Augenblick selber waren. Im Großen, auf der Akademie, und im Kleinen, auf dem Gymnasium, muß derjenige, der — um ein von einem geistvollen Philologen gebrauchtes treffendes Beispiel zu entlehnen — eine Abhandlung von einigen Hundert Seiten über den zweizelligen Spaltpilz schreibt oder zu schreiben fähig wäre, denjenigen respektieren, der eine solche über das aus zwei Buchstaben bestehende Wörtchen ἄν geschrieben hat oder zu schreiben versucht wäre. Respekt vor dem Wissen um des Wissens willen zu pflanzen ist gemeinsame Pflicht aller in einem Lehrkörper vereinigten lehrenden Erzieher, auch an Realanstalten, und alle Wissenschaften nehmen von daher ihren Adel und ihre Weihe. Denn von Nutzen im gemeinen Sinne des Worts ist den meisten Menschen in ihrem späteren Leben weder die Kenntnis des pythagoreischen Lehrsatzes, noch die der Regeln über die hypothetischen Sätze im Griechischen, noch auch die Notiz, daß Karl der Große von 768—814 n. Chr. regiert hat.

Man pflegt nun, wie wir schon bemerkt haben, neuerdings und ganz besonders für die oberste Stufe den deutschen Unterricht als eine Art Zentrum des gesamten Unterrichts in unseren höheren Schulen hervorzuheben und den deutschen Aufsatz als sichersten Prüfstein geistiger Reife anzusehen — was denn freilich, soweit es wahr ist, immer wahr gewesen und nur von ungeschickten Werkzeugen, was bekanntlich jeder Wahrheit begegnen kann, zuweilen verdunkelt worden ist. Die Aufgabe der Lehrer des Deutschen ist nach und nach eine sehr vielseitige geworden und ihre Lösung hängt gar sehr und mehr als bei jedem anderen Fach von der Individualität des einzelnen Lehrers ab: von unserem historischen Interessenstandpunkt aus begrüßen wir es — paradox, wie das klingen mag — als einen gesunden Fortschritt, daß man von dem vornehmen Worte Literaturgeschichte zurückgekommen ist, und nach Möglichkeit statt über Entwickelungen, Dichterschulen u. s. w. zu reden, die Dichtwerke und die Dichter selbst zu den Schülern reden läßt, eine Anzahl klassischer Werke, hohe Tragödie und anderes, zu lesen sich gewöhnt hat und hoffentlich mehr und mehr die Schüler anregt, durch häusliche Lektüre zu ergänzen, wozu in der Schule die Zeit fehlt. Wir haben hier, vom Standpunkt des Geschichtslehrers aus, der aber, um seinen Teil der Jugendbildung zu besorgen, sich auch einigermaßen um die Art, wie die übrigen Disziplinen verwaltet werden, bekümmern muß, darauf hinzuweisen, daß uns gegenwärtig in diesem Unterricht zu viel ästhetisiert und analysiert zu werden scheint. Die Technik des Dramas, die Spieler und Gegenspieler, das erste und zweite u. s. w. erregende Moment, die steigende und fallende Handlung u. s. w., die man jetzt sogar — so herrlich weit haben wir es gebracht — mit geometrischen Figuren veranschaulicht, die Dispositionswut, mit der man jetzt selbst die Kapuzinerpredigt im Wallenstein in Buch-

staben des griechischen wo nicht gar des hebräischen Alphabets einkapselt, scheint uns sehr weit abzuführen von dem, was Goethes Iphigenie oder Schillers Wallenstein dem Schüler, dem deutschen Jüngling wirklich sein soll. Die großen und edlen Gedanken, die ergreifenden Menschenschicksale, die Charaktere, — der Herrschergenius im Kampf mit dem Ewig-Gestrigen, der untergeht, weil er eine erhabene Aufgabe durch Ehrsucht — „und zu der Erde zieht mich die Begierde" — verunreinigt, die Seelenreinheit des Weibes, die den furchtbaren Fluch eines Hauses löst und ein Volk von Barbaren der Gesittung öffnet und was alles Herrliches in diesen Dichtungen ausgebreitet vor uns liegt — das aus der eigenen Empfindung und Ergriffenheit der Seele in die Seelen jugendlicher Hörer oder Leser hinüberzuführen erscheint uns als die eigentliche Aufgabe. Nicht so sehr um die Kunstform, um die „Technik" des Dramas, sondern recht materiell um seinen Inhalt, seine Gedankenwelt ist es uns zu tun, und davon erwarten wir die befruchtende Wirkung auf den Geschichtssinn und mithin mittelbar auch auf den geschichtlichen Unterricht. Und es ist nicht nötig, darüber viele Worte zu machen, daß derjenige, der die Worte im Wallenstein —
*wo sich das Herz
Nicht ganz zurückbringt aus dem Streit der Pflichten u. s. w.*
und die Lage und den Seelenzustand desjenigen, den der Dichter diese Worte sprechen läßt, in sich aufgenommen und durch die Dichtung selbst verstanden hat, auch einen geschichtlichen Vorgang, wie den Übertritt Heinrichs IV. von Frankreich im Jahr 1593 mit tieferem Verständnis erfassen wird. Auf Schritt und Tritt — auch wo es nicht so augenfällig ist wie z. B. bei der Lektüre von Schillers Maria Stuart — wird es der Gymnasialprimaner empfinden können, daß er geschichtlich gebildet worden ist — daß seine Kenntnis der Vergangenheit ihm jede Gegenwart, auch die Gegenwart unsterblicher Dichtung erklärt: hinwiederum aber wird er auch, indem er nunmehr unsere großen Dichtungen anders liest, als zwei, drei Jahre früher, geschichtliche Dinge, z. B. das Tragische in geschichtlichen Vorgängen, etwa jene Verdammung des Johann Hus durch ein reformatorisches Konzil — in ihren tieferen Beziehungen verstehen: und darin wesentlich liegt, was auf dieser Stufe der deutsche Unterricht dem Geschichtsunterricht leiht oder schenkt. Auch noch etwas anderes, äußerliches, was aber mit dem ersten enge zusammenhängt. Die Fähigkeit, geschichtliche Vorgänge etwas verwickelterer Art in gebildeter Sprache wiederzugeben, ist, sofern man darunter nicht bloßes Wiedergeben eines kurz zuvor Gehörten versteht, auch auf dieser Stufe noch wenig entwickelt, und das ist begreiflich, denn es ist sehr schwer. Der deutsche Unterricht nun schärft und bildet den Sprachsinn der Schüler und bereichert ihren Sprach- und Sprechvorrat auch für geschichtliche Dinge.

Das alles gilt *mutatis mutandis* auch für die Realanstalten. Die besondere Pflicht und setzen wir hinzu die besondere Befriedigung des Lehrers, der diesen Unterricht in einer Realprima verwaltet, liegt eben darin, nach Möglichkeit ihren Schülern einen Ersatz zu schaffen für das was der Gymnasialschüler hier voraus hat. Dasselbe gilt von der Religionslehre.

Von dieser, dem Religionsunterricht, ist, nach dem, was wir auf den verschiedenen Klassenstufen und zuletzt auf Obersekunda gefunden, nicht mehr viel hinzuzusetzen. Ich kann nur vom evangelischen Religionsunterricht sprechen: was ich von katholischem im Laufe meines Lehrerlebens kennen gelernt, trug meist den Charakter einer zu bequemem Gebrauch den Schülern dargereichten Apologetik und konnte mithin die Wirkung, die wir hier suchen, nicht haben, womit ich indes kein allgemeines Urteil ausgesprochen haben will. Nun enthält das Pensum der Religionslehre in Prima — überall, nicht bloß in Preußen — von selbst große Stücke Geschichte — Kirchengeschichtliches, Geschichte der drei ersten Jahrhunderte, wichtigste Erscheinungen der mittelalterlichen Kirche, Reformationsgeschichte, die wichtigsten Richtungen der nachreformatorischen Zeit und bietet somit, von selbst und in ganz aus der Natur der Sache selbst entspringender Weise in diesen wichtigen Teilen eine wirksame Ergänzung und Vertiefung geschichtlichen Unterrichts. Nicht diese Kenntnisse aber und nicht diese Orientierung ist die Hauptsache, sondern daß in diesem Religionsunterricht der junge Mensch sich ergreifen soll als lebendiges Glied einer im tiefsten Sinne geschichtlichen Gemeinschaft — der christlichen Kirche, der Gemeinde Christi, die zurückweist auf vergangene Jahrhunderte oder Jahrtausende, und hinweist auf künftige. Was wir zu Anfang unserer Wanderung aufstellten, daß geschichtliche Betrachtung und also auch geschichtliche Bildung nur da möglich sei, wo der Begriff der Menschheit als eines ethischen Ganzen erfaßt ist, ein Begriff, der als sein notwendiges Korrelat Gottesbegriff und Gottesbewußtsein habe — das tritt jetzt, sofern der schon in Sexta und Quinta gelegte Keim weiter gepflegt worden und gewachsen ist, in erhöhtem Maße entgegen. Und dies, dies zum mindesten, kann und soll der Religionsunterricht bei allen gewirkt haben — daß der Begriff des Reiches Gottes ihnen zu einer Wahrheit geworden ist. „Dieser ist nicht fern vom Reiche Gottes" sagt Jesus von jenem Schriftgelehrten, der ein oberstes Gesetz für sein Handeln suchte: drinnen freilich ist er damit noch nicht, daß er es kennt. Wir könnten es auch weltlich ausdrücken: der Religionsunterricht gibt dem Schüler der obersten Stufe eine, seine Philosophie der Geschichte, das philosophische Moment oder Ferment zu seinem geschichtlichen Wissen.

Daß man damit allein nicht durchs Leben kommt, und daß auch diese Geschichts- oder Religionskenntnisse nur taube Früchte bringen, wenn sie nicht auf den handelnden Menschen zurückwirken, wissen wir wohl, und kennen auch die besondere Mission des Religionsunterrichts in dieser Beziehung. Er hat sie nur dann erfüllt, wenn seine Schüler, viele oder wenige von ihnen, nicht bloß erfahren haben, unter welchen sehr besonderen Umständen z. B. die *confessio Augustana* entstanden und übergeben worden ist, sondern auch in ihnen der Gedanke, die Empfindung, die Willensregung zum Keimen gebracht wird, daß Gott von denen, welche dieses Aktenstück als ihr eigenes Glaubensbekenntnis betrachten sollen oder wollen, auch denselben Mut verlangt, den die Männer jener begnadigten Zeit bewiesen haben, und den auch sie gegenüber den Lügen und Halblügen unserer Tage nötig haben werden.

Was die Sprachen, alte und neue, betrifft, so ist einleuchtend, daß, je leichter es dem der Universität entgegenreifenden Jünglinge wird, in fremden Sprachen Geschriebenes zu lesen, diese Lektüre um so voller, rascher, tiefer auch seinen geschichtlichen Sinn befruchten wird: und alles, was diese Leichtigkeit mindert, beuge es nun nach der grammatistisch-pedantischen oder nach der augenblicklich zeitgemäßeren dilettantisierenden Seite aus, wird seine üblen Wirkungen vor allem auf diesem Boden äußern. Man hat nun bekanntlich, was wir an dieser Stelle zur Sprache bringen müssen, sogenannte Quellenbücher verfaßt: zunächst mit richtigem Gefühl für die alte Geschichte, weiterhin auch für die mittlere und neuere. Wir haben immer gezweifelt, ob dies nicht vielmehr ein Moment der Zerstreuung in unseren Unterrichtsorganismus bringen würde, und glauben nicht, daß das Experiment, wo es gemacht worden, geglückt ist: es ist aber kaum nötig, darüber weiter zu sprechen, da uns für jeden derartigen Luxus jetzt die Zeit fehlt. Was ernsthaft mit dem Namen Quellenlektüre bezeichnet werden kann, ist die regelmäßige altsprachliche Lektüre, und wenn die alten Schriftsteller schon auf allen bisherigen Stufen Quellen geschichtlicher Erkenntnis gewesen sind, so sind sie es auf dieser obersten Stufe im vollsten Sinn. Denn entweder geben sie uns, wie die Historiker Livius, Sallust, Tacitus, Xenophon, Thukydides, als Geschichtschreiber Kunde von einer Vergangenheit, die ihnen selbst noch Gegenwart, oder die ihnen in jedem Fall ganz anders lebendig war, als sie es uns sein kann, oder sie spiegeln den Geist, die Vorstellungsweise, die sittlichen Anschauungen ihrer Zeit wieder, wie die Dichter, Homer, Sophokles, Horaz, oder sie führen uns in große Staats- oder Privataktionen ein, wie die Redner Cicero oder Demosthenes. Die erste philippische Rede lesen und erklären, heißt die Situation der damaligen Staatenwelt, wie sie um die Zeit der Geburt Alexanders des Großen war, darlegen. Die Schüler leben in dieser Atmosphäre und wir haben in diesem geschichtlichen Interesse, dem historischen Standpunkt, in Wahrheit den Zauberstab, mit dem wir alles oder nahezu alles, was wir bei diesem Unterricht berühren, in Gold verwandeln können. Z. B. den Philippos des Isokrates, der, an und für sich wie alles, was dieser dürftige Geist geschrieben hat, ein sehr mäßiges literarisches Produkt, für uns und durch uns für 18jährige Jünglinge ein unschätzbares historisches Dokument bildet, das uns in die politische Gedankenwelt und die geistigen Strömungen des beginnenden makedonisch-monarchistischen oder hellenistischen Zeitalters einführt. Kein noch so stroherner Unterricht wird dieses Interesse ganz auslöschen können, das ein Lehrer, der etwas vom Geist der Geschichte in sich hat, außerordentlich fruchtbar machen kann. Auch wenn wir bloß den Durchschnitt nehmen und eine Schrift, die das, was wir meinen, nicht gerade in hervorragender Weise leistet —: eine Klasse von 17—20jährigen Schülern, die einen Winter lang die vierte oder fünfte verrinische Rede liest, bekommt einen deutlichen Begriff vom Leben der Bevölkerung einer römischen Provinz im ersten Jahrhundert v. Chr., empfindet diese Zeit und dieses Lokal als Gegenwart: und dies, eine Vergangenheit mittels ihrer Urkunden als Gegenwart empfinden, heißt eben Geschichte, Geschichtstudium, Geschichtskenntnis. Das ist etwas, denken wir, unmittelbar Einleuchtendes, nicht Paradoxes, auch nichts Neues. Und doch fehlt offenbar noch sehr viel, daß es in der Lehrpraxis schon wirklich durchgedrungen wäre. Man wird sogar behaupten dürfen, daß die Verkennung jener handgreiflichen Wahrheit, — daß die unhistorische Behandlung der alten Sprachen und der Lektüre der alten Schriftsteller recht eigentlich das Unheil herbeigezogen hat, das jetzt zur Zerrüttung unseres ganzen höheren Schulwesens zu führen droht, um nicht zu sagen schon geführt hat. Wir dürfen, um dies zu beweisen und um zugleich zu zeigen, was wir damit meinen, daß wir sagen, die Lektüre der alten Schriftsteller auf unseren Gymnasien sei recht eigentlich geschichtliche Quellenlektüre, nur auf Horaz verweisen. Kein Schriftwerk aus dem Altertum ist für den Historiker wertvoller als dieses mäßige Bändchen. Es gibt uns, in den Oden, den Satiren, den Episteln, den Epoden, überall, eine Fülle von Bildern aus dem Tagesleben Roms, und zwar nicht bloß dem der oberen Zehntausend, sondern der Menge. Es führt uns in die gehobene Elementarschule einer italischen Provinzialstadt, in die Auditorien der Magister zu Rom, das akademische Leben in Athen, das Straßenleben der Hauptstadt: der Ausrufer Mena und der *petit peuple* in Hemdärmeln, der *popellus tunicatus,* das Volk in der Tunica, — alle Stände und Berufsklassen, Schreiber und Offiziere, Verwalter von Landgütern und mürrische Privatgelehrte, Prinzen des kaiserlichen Hauses, wie armselige Popularphilosophen und Dichterlinge, — Politisches, Legislatorisches, Soziales, — literarische Strömungen und Koterien — das alles geht an unseren Blicken vorüber und wird an uns vorübergeführt von einem grundgescheiten Mann, der aus der Freigelassenenwelt stammend, in einem griechisch-römischen Winkel Italiens herangewachsen, den großen politischen Umschwung sehr persönlich an sich erfuhr und zuletzt durch Talent, Takt und Glück in die nächste Nähe der Regierenden und leitenden Häupter kam. Alles das kann man aus Horaz lernen, und zwar kann dies vor allem der Schüler lernen, dessen Empfindungs- und Sympathievermögen noch nicht abgestumpft ist. Es ist auch nicht schwer und bedarf keiner besonderen Künste, den Horaz auf diese Weise mit Schülern im Jünglingsalter zu lesen: auch braucht der Lehrer dabei kein wesentliches Interesse oder auch nur eine besondere Liebhaberei aufzuopfern — nur freilich ein System der Metrik an den Oden eintrichtern oder diese Oden nach der heute grassierenden Dispositionswut in Dispositionsmuster verwandeln zu wollen, darauf muß er verzichten. Wohl ihm und wohl seinen Schülern, wenn er es kann.

Wir möchten hier im Vorübergehen ein Wort sagen über ein Gebiet, das man gemeiniglich in gar keine Beziehung zu dem, was das eigentliche Wesen des humanistischen Gymnasiums ausmacht, der historischen Bildung, zu setzen pflegt — wir meinen das Übersetzen aus dem Deutschen in die alten Sprachen. Diese Übung erfreut sich bei dem jeder ernsten Arbeit abholden Dilettantismus, der heute in Schulsachen vielfach das große Wort führt, bekanntlich sehr geringer Gunst, und man kann den seichten Geistern, die nur der Mode dienen, auch nicht zumuten, daß sie den Wert einer Übung erkennen, welche von der Oberfläche, der sie selbst verhaftet sind, in die Tiefe führt, indem sie den Übersetzenden zwingt, sich dem Geist derer anzubequemen, denen nachzudenken, welche vor 2000 Jahren mit den Mitteln und aus der Anschauung einer anders gearteten Zeit und Sprache heraus ihren Gedanken Ausdruck gegeben haben — für den Fach- und Sachverständigen aber ist es sehr einleuchtend, daß man in eine fremde Sprache ganz anders sich einlebt, wenn man aus der eigenen in sie überträgt, als wenn man bloß aus ihr in die eigene umsetzt, und daß in die Sprache eines Volkes in einer bestimmten Zeit sich einleben sich in die Denkweise eines Volkes und einer Zeit einleben heißt, mithin ein Studium wesentlich historischen Charakters ist. Auch für den Schüler ist es dies: wer sich an einer bestimmten Stelle besinnen muß, ob er das Wort Fremder mit *peregrinus, hospes, advena, barbarus*, mit ξένος oder βάρβαρος übersetzen muß, der lernt eine gar nicht unwichtige Vorstellungsreihe aus alter Zeit kennen. Und namentlich das letzte dieser Wörter ist ein kulturgeschichtliches im eminenten Sinn, bei welchem der Lehrer hier bei dieser Übung wohl ein paar Minuten verweilen darf.

Daß die neueren Sprachen, die Sprachen des lebendigen Markts und der Gegenwart, Französisch und Englisch, das nicht leisten und nicht leisten können, was ein offener Kopf aus seinem Horaz oder Homer an Kenntnis menschlichen Lebens in geschichtlicher Auffassung gewinnen kann, leuchtet ein: ihren Beitrag aber zu dem, was man gemeinhin allgemeine Bildung nennt, was aber doch zu einem guten Teil aus Informiert- oder Orientiertsein, mehr oder weniger gut Unterrichtetsein über die Vergangenheit besteht und also wesentlich historische Bildung ist, liefern auch sie. Wir haben schon oben betont, daß wir, was die neueren Sprachen betrifft, die da und dort noch immer auftauchende Gespensterfurcht vor Chrestomathien nicht teilen, vielmehr im Französischen (wie Englischen) eine gute, d. h. nicht bloß mit guter Wahl zusammengestellte, sondern namentlich auch recht reichhaltige Chrestomathie, also etwa Plötz oder Herrig, die uns beide dem Zweck sehr wohl zu entsprechen scheinen, in den Händen der Schüler sehen möchten. Man wird sie allerdings in der Schule vielleicht nicht zum dritten Teile lesen können; ein nicht ganz geringer Teil der Schüler aber wird, namentlich wo der Unterricht vom eigenen Interesse des Lehrers getragen ist, das übrige oder einen guten Teil des übrigen zu Hause lesen. Er wird dabei für seine historische Bildung folgendes gewinnen: 1. daß ihm die großen Namen der französischen Nationalliteratur, Racine, Molière, Voltaire, Rousseau u. s. w. doch etwas mehr als bloße Namen und Schatten sind, 2. daß er erkennen lernt, weshalb die Franzosen in der Tat uns doch so lange vorausgewesen sind, ehe der deutsche Geist seit Mitte des achtzehnten Jahrhunderts sich wieder auf sich selbst besann; er wird 3. durch fortlaufende unwillkürliche Vergleichung auch hier des eigenen und des fremden Volkes Vorzüge und Mängel gegeneinander abwägen, sie richtiger beurteilen lernen: was, denken wir, eine sehr wesentliche Bedingung und Förderung des Geschichtssinns bedeutet, 4. wird sein geistiger Horizont sich überhaupt erweitern, und 5. wird er namentlich auch die eigentümlichen Vorzüge französischer Geschichtsauffassung und Geschichtsdarstellung würdigen lernen, von ihnen wenigstens berührt werden. Wir reden hier nicht von der Art, wie der französische Unterricht überhaupt an Gymnasien verwaltet wird oder werden sollte: jenen Gewinn wirft er jedenfalls ab, auch wenn es nicht an allen Gymnasien gelingen sollte, das Gaumensegel immer ganz richtig zu stellen, oder wenn die erste Bestellung eines Beefsteaks durch einen früheren Gymnasialschüler auf französischem Boden dem liefernden Garçon noch ein Lächeln entlocken sollte. Sehr wichtig sind, auch unter dem hier angedeuteten Gesichtspunkt, die Übersetzungen ins Französische und wir sind in unserer Beschränktheit völlig außer stande, uns zu erklären, weshalb der Preußische Lehrplan von 1892 von Obersekunda an nur noch schriftliche Übersetzungen aus dem Französischen ins Deutsche, nicht mehr aus dem Deutschen ins Französische kennt und manche unserer neusprachlichen Wortführer jene uns sehr selbstverständlich erscheinenden Übungen so verwerflich finden.

Nicht ganz so viel als vom Französischen können wir uns für unsern Zweck vom Englischen versprechen: für das Gymnasium meinen wir, denn an Realanstalten wird allerdings das Englische auch nach dieser Seite der historischen Bildung ziemlich viel bedeuten. Am Gymnasium nicht: einmal weil das fakultative Englisch hier erst ein Experiment ist und es wahrscheinlich nur recht guten Lehrern gelingen wird, eine größere Anzahl von Schülern bei der Fahne zu halten; vor allem aber, weil die englische Sprache — d. h. die Auffassung und Wiedergabe des Vorgestellten im Englischen von der deutschen nur wenig verschieden ist. Gibbon, Macaulay, Lecky, Prescott, selbst M'Carthy, Hallam, Stanhope u. s. w. sind gewiß gute und zum Teil große Geschichtschreiber, Carlyles Cromwell, französische Revolution und Friedrich der Große sind geniale und höchst originelle Werke: aber der Leser, selbst der erwachsene und des Englischen völlig mächtige Leser verliert sehr wenig, wenn er sie nur in deutscher oder französischer Übersetzung liest. Selbst Milton verliert nicht allzuviel und nur von Shakespeare wird man sagen dürfen, daß, wer ihn englisch, in seinem Englisch, lesen kann, seinem Genius sehr viel näher gekommen sei und also auch für Ausbildung geschichtlichen Sinnes aus ihm mehr Gewinn ziehe, als wer ihn nur in der Übersetzung liest, so vortrefflich diese sein mag. Anders würde dies, wenn wir von Studenten sprächen: das Englische auf Gymnasien bringt seinen wahren Gewinn erst später, es ist bestimmt, fortgesetzt zu werden und hat für den Gymnasialschüler keinen oder nur erst einen sehr geringen Bildungswert, während Latein, Griechisch und selbst Französisch ihren starken bildenden Einfluß selbst auf diejenigen üben, in deren späterem amtlichen oder Berufsleben sie keine besondere Rolle mehr spielen.

Dies also sind die Stoffe, mit denen der Primaner genährt wird, neben dem, was die 3 Stunden eigentlichen Geschichtsunterrichts ihm zuführen. Die Geographie nehmen wir als besonderes Fach seit Obersekunda nicht mehr in Rechnung: sie ist jetzt — von der sogenannten physischen abgesehen — ganz als ein wichtiges Moment in dem geschichtlichen Unterricht aufgegangen. Über die in Preußen neuestens verlangten $12 + 12 = 24$

also 8 mal 3 Wochenstunden Geographierepetitionen haben wir uns schon ausgesprochen: sie erscheinen uns wesentlich nur als ein Schein- und Schaugericht. Zwei Jahre haben wir zur Verfügung, drei Wochenstunden, und der Gegenstand ist Geschichte von 476—1871 n. Chr., vielleicht mit einer Chronik bis 1888 oder 1900: welchen Endpunkt unsere Nachfahren in 500 Jahren annehmen werden, darüber haben wir uns glücklicherweise nicht die Köpfe zu zerbrechen. *Suum cuique* — es ist genug, daß ein jeglicher Tag und jegliches Zeitalter seine eigene Plage habe.

Allerdings beginnt sich die Unermeßlichkeit des Stoffes schon jetzt sehr unbequem fühlbar zu machen und sie bildet in Wahrheit eine erste und Hauptschwierigkeit für den gymnasialen Geschichtsunterricht auf jeder und namentlich auf dieser oberen Stufe, da man vom Gymnasialunterricht und mit Recht das Fertigwerden, die Erledigung, das Absolvieren des Pensums verlangt. Die jetzt schon einigermaßen konventionell gewordene, offiziell in Preußen und auch von den meisten Lehrplänen anderer deutscher Staaten angenommene Verteilung ist nun die: im ersten Jahr Geschichte des Mittelalters bis 1517, und ein Stück neuerer Geschichte, 1517—1648 nach dem preußischen Lehrplan, so daß für die Zeit von 1648—1871 (1888 oder 1900 oder 1904), die beiden letzten Perioden der neueren Geschichte nach herkömmlicher Einteilung, ein volles Jahr verbliebe, bei welchem auch die jetzt eine Art von Modeartikel bildenden „Belehrungen über unsere gesellschaftliche und wirtschaftliche Entwickelung" zu ihrem Rechte kommen würden.

Wir müssen hier über diese letzteren auf dieser Stufe etwas sagen, weil die Gefahr nahe liegt, daß unser schon so schwer belasteter Geschichtsunterricht mit einer weiteren Last beschwert wird. Jede Zeit hat ihre besonderen Lieblingsideen oder vorwiegenden Interessen und sie wirken naturgemäß auf den geschichtlichen Unterricht an den höheren Schulen: so in alten Tagen, im 16., 17. Jahrhundert das religiös-dogmatische, gegen Ende des vorigen Jahrhunderts das literarisch-ästhetische, in den 20er Jahren unseres Jahrhunderts, der Zeit des Vorwaltens der Hegelschen Philosophie, das philosophische: gegenwärtig ist sozial und wirtschaftlich ein solches Interesse oder Schlagwort, und es ist nicht anders zu erwarten und auch ganz in der Ordnung, daß in unseren Geschichtswerken[1]) soziale und wirtschaftliche Verhältnisse jetzt vielfach mit einer gewissen Vorliebe behandelt werden: auch haben nicht wenige Lehrer der Geschichte an Gymnasien, die nicht erst auf eine Ministerialverfügung warten, um Fühlung mit dem Leben ihrer Nation zu suchen, längst dieses realistische Moment bei ihrem Unterricht nach Gebühr berücksichtigt. Eben deswegen haben sie ein Recht jüngere Fachgenossen vor Übertreibungen zu warnen, seitdem diese realistischen Momente, die früher von Amtswegen ziemlich scheel angesehen wurden, von Amtswegen empfohlen werden. Der Gegenstand ist von der 5. rheinischen Direktorenkonferenz (1893) und

---

[1]) Z. B. in dem anregenden und geistvollen Buche LAMPRECHTS, auf welches gelegentlich auch bei Besprechung des Gegenstands Bezug genommen wird. Der Lehrer wird aus L.s Deutscher Geschichte viel Anregung gewinnen und mittelbar so der Unterricht: unmittelbar nicht, und wir können auf diesem Boden jüngeren Fachgenossen nur höchste Vorsicht raten.

seitdem von Direktorenkonferenzen anderer preußischer Provinzen (Pommern, Hannover, Schleswig-Holstein, Westfalen 1895, Sachsen 1896, Schlesien 1897) auf Grund sehr fleißiger Referate erörtert und es ist dort, wie sich gebührt, hervorgehoben worden, daß jene „Belehrungen" nichts für sich Bestehendes seien, sondern nur in engstem und organischem Zusammenhang mit dem geschichtlichen Unterricht in dessen natürlicher chronologischer Ordnung gegeben werden sollen. In den angenommenen Thesen ist, wie zu geschehen pflegt, noch sehr viel an Ideologie und großen Worten geleistet, z. B. die Erhebung von Einzelheiten in die Sphäre des Begrifflichen u. s. w. — es ist aber gesorgt, daß diese Bäume nicht in den Himmel wachsen. Aller Gymnasialunterricht ist propädeutischer Art und es wird demnach genügen, wenn der Lehrer sich bestrebt, da, wo soziale oder wirtschaftliche Verhältnisse für eine Periode oder einen bestimmten wichtigen Vorgang von Bedeutung sind, seinen Schülern keine bloßen Worte, sondern deutliche Vorstellungen zu geben: dabei wird er allerdings die Erfahrung machen, daß es schon bei anscheinend sehr einfachen Dingen, wie etwa dem Unterschied von *allodium* und *beneficium,* oder etwa dem Verhältnis von Geld und Kredit bei Darlegung des Lawschen Krachs vom Jahr 1720 nicht ganz leicht ist, den Schülern die Sache zum wirklichen Verständnis zu bringen. In diesem Zusammenhang müssen wir auch die Aufgabe ablehnen, die man dem Geschichtsunterricht an Gymnasien zu seinen übrigen zuweisen zu wollen scheint — eine Art direkter Bekämpfung der sozialistischen Irrlehren. Die Gefahr, daß Schüler aus den Gesellschaftsschichten, die unseren Mittelschulen ihre Söhne zusenden, die Reihen der Sozialdemokratie verstärken werden, ist nicht sehr groß, und leicht möchte eine tendenziöse Heranziehung dieser Tageskämpfe bei halbreifen Jünglingen eine der gewollten gerade entgegengesetzte Wirkung haben. Die Sozialdemokratie ist bekanntlich nichts so ganz Neues: man hat im Jahr 1793 und im Jahr 1871 die Gesellschaft am Ruder gesehen und es genügt, diese und ähnliche Vorgänge der Wahrheit gemäß, also historisch zu schildern: die Nutzanwendung kann man getrost den jungen Leuten selbst und der Zukunft überlassen. Der Geschichtsunterricht auf der obersten Stufe namentlich verträgt keine Exkurse: in seinem ruhigen Gange soll er die Schüler an die geschichtliche Betrachtungsweise gewöhnen und damit reicht er ihnen die besten Mittel, über gesellschaftliche und wirtschaftliche Verhältnisse weiterhin sich tiefer zu unterrichten und damit auch die beste Waffe gegen Bestrebungen sozialdemokratischen und anderen Umsturzes.

Noch möchten wir, auch für diese Stufe, nachdrücklich bemerken, daß wir, vorläufig und für absehbare Zeit, als Schlußpunkt für die ausführlichere Geschichtsdarlegung auf dem Gymnasium das Jahr 1871, die Wiederaufrichtung oder Neuaufrichtung des deutschen Nationalstaates annehmen, und glauben, daß die meisten Geschichtslehrer, wie wir, Gott danken, wenn sie wirklich — nicht bloß im Programm und zum Schein — dieses Ziel erreicht haben; bleibt eine Stunde oder deren mehrere für eine ganz kurze chronikartige Vorführung der Ereignisse bis 1888 etwa oder bis zur „Gegenwart" also streng genommen bis zur jebetreffenden letzten Geschichtsstunde übrig: desto besser. Denn freilich ist, was diesseits der Grenze von 1871 liegt, auch Geschichte, kann aber weder vom Lehrer in strengem Sinn als Geschichte behandelt noch auch vom Schüler als solche aufgefaßt werden. Wie könnte z. B. ein altkatholischer oder protestantischer oder auch römisch-katholischer Lehrer, der die letzten 30 Jahre oder einen Teil derselben mit vollem Bewußtsein mitdurchgelebt hat, den kirchenpolitischen Streit, ohne den doch dieser Teil der Geschichte gar nicht verständlich wäre, mit derjenigen ruhigen Objektivität darstellen, die man vom Geschichtslehrer am Gymnasium verlangen muß?

Kommen wir, nach diesen Vorfragen, zur Sache, wo wir, wie seither, Lehrbuch, Vortrag und Repetition unterscheiden, und diejenigen Modifikationen des bisher Gesagten, welche die nunmehr erreichte Alters- und Reifestufe verlangt, andeuten wollen.

Das Lehrbuch muß, wie Herbst zuerst mit gutem Recht betont hat, sich streng innerhalb seiner Grenze halten, nur ein Hilfsmittel sein — nichts für sich bedeuten wollen, dem Lehrer nicht die Butter vom Brote nehmen wollen: dies gilt für alle Klassen, ganz besonders aber für Prima. Es muß den Stoff in knapper Form, guter Ordnung, handlich, faßlich, klar verständlich enthalten. Es gibt einen Lehrbuchstil, für den ich diejenigen, welche beabsichtigen, die Welt mit neuen Büchern dieser Art zu versorgen, auf die Bücher des alten Spittler, jetzt verschollene, aber in dieser und einigen anderen Beziehungen musterhafte Werke, die Kirchengeschichte namentlich und die Geschichte der europäischen Staaten, und etwa auch *detractis detrahendis* auf Hases kirchengeschichtliches Lehrbuch für akademische Vorlesungen als Muster aufmerksam machen möchte. Es muß auch und kann auch so eingerichtet sein, daß eine Tabelle oder ein Kanon daneben überflüssig ist, muß aber den Stoff in einer gewissen Vollständigkeit enthalten, damit es dem Lehrer möglich wird, einzelne Partieen in engerem Anschluß an das Lehrbuch mit relativer Kürze zu behandeln, und dadurch Zeit zu gewinnen für ausführlichere Behandlung solcher Teile, die eingehender vorzuführen ihm seine Studien gestatten und sein didaktischer Takt nahe legt.

Über die Art der Benützung des Lehrbuchs durch den Lehrer — ob, wie weit oder wie eng sein Vortrag sich an das Lehrbuch anschließen oder freier ergehen soll — lassen sich besondere Regeln kaum aufstellen: kritisch, polemisch, wie manchmal geschieht, darf er sich dem Lehrbuch nicht gegenüberstellen, denn der Schüler muß Achtung vor seinen Büchern haben. Aber allerdings je mehr wir uns der akademischen Stufe nähern, um so selbständiger muß der Lehrer dastehen und er darf sich durch die knappe Zeit, die ihm gegönnt, und die Forderung voller Erledigung des Pensums, die ihm gleichwohl gestellt ist, nicht verleiten lassen, das Lehrbuch nur einfach Paragraph um Paragraph, wie man sagt durchzunehmen. In meiner Jugend und in meiner Heimat Württemberg war es ein häufiges Studentengespräch der ersten Semester, bei wem und wie man „Geschichte gehabt" habe, und es wurde damals noch mit einer Art von Bewunderung als etwas ganz besonderes erzählt, daß der und jener Geschichtslehrer „einen freien Vortrag gehabt" habe. Kiesel[1]) macht in seinem Referat über den geschichtlichen Unterricht, das wir nicht anstehen, als das Durchdachteste und Lesenswerteste zu bezeichnen, was wir über den Gegenstand gelesen haben, die feine und etwas boshafte Bemerkung, daß überall, wo über den Geschichtsunterricht gutachtlich geredet werde, die Forderung freien Vortrags mit einer Bestimmtheit auftrete, die zu manchen am wirklichen Geschichtsunterricht gemachten Wahrnehmungen in erfreulichem Gegensatze stehe. Der Gegensatz wäre noch erfreulicher, wenn innerhalb verständiger Grenzen in dieser Hinsicht mehr geleistet und weniger gefordert würde. Ich habe an anderer Stelle erwähnt, daß der beste Lehrer der Geschichte, den i c h kennen gelernt, Christian Märklin († zu Heilbronn 1848), diesen freien Vortrag nicht „hatte", sondern Geschichte nach einem mit unendlichem Fleiß ausgearbeiteten, nach Form und Inhalt gleich vortrefflichen Manuskript in ausgeführter Darstellung vortrug, und damit, damit und freilich mit seiner ganzen Persönlichkeit eine Wirkung hervorrief, deren Tiefe ich bei nicht wenigen seiner Schüler beobachten konnte. Der Begriff „freier Vortrag" ist etwas Relatives: was dem Universitätslehrer recht ist, daß er sein Manuskript oder mehr oder weniger ausführliche Notizen vor sich hat und benützt, ist dem Gymnasiallehrer, dessen Aufgabe keineswegs leichter ist, billig. Ich mache mich, nach 50jähriger Praxis, n i c h t anheischig, eine schwierige geschichtliche Materie, wie etwa die Darlegung der Umstände, welche zur französischen Revolution geführt haben, jederzeit absolut frei vorzutragen: und wenn ich es könnte, würde ich es nicht tun: fordern aber, verfügen, läßt sich in dieser Hinsicht nichts, so leicht es ist, darüber die landesüblichen großen Worte zu machen.[2])

Auch über sonstige Vorzüge, die der Vortrag haben sollte, die Klarheit, die Lebendigkeit, die patriotische oder religiöse Wärme und Begeisterung sich zu verbreiten ist ganz unnütz: wir begnügen uns mit dem hausbackenen Rat an jüngere Fachgenossen, möglichst viel Verbalkonstruktionen und möglichst wenig Substantive zu gebrauchen und unter den Substantiven möglichst die konkreten, wie G. Rümelin sich ausdrückt die echten, zu bevorzugen. Wir selbst und die Herbstschen Hilfsbücher sind diesem klaren und kühlen Denker für den Rat verpflichtet und haben ihn als gut und praktisch erfunden.

Indem wir nunmehr auf den zweijährigen Kursus der Prima etwas näher eingehen, sind wir uns dessen vollkommen bewußt, daß unsere Bemerkungen mehr noch als bisher einen sehr subjektiven Charakter tragen: doch mag, was eigene Fehler und anderer Geschicklichkeit, hie und da auch anderer Fehler und daraus hervorgegangenes eigenes Suchen nach dem Richtigen uns gelehrt haben, jüngeren Lehrern nützliche Fingerzeige geben, ihnen da und dort einen Umweg oder Irrweg ersparen.

Das erste Jahr, Unterprima, würde die Geschichte des Mittelalters und ein Stück der neueren Geschichte umfassen, wobei wir denn gleich

---

[1]) Verhandlungen der ersten rheinischen Direktorenkonferenz (1881) S. 100.
[2]) z. B. Direktorenkonferenz Pommern (1895) S. 118: der Geschichtslehrer dürfe kein Heft benützen.

bemerken wollen, daß wir es für unmöglich oder unrätlich halten, die letztere bis 1648 fortzuführen, sondern uns begnügen bis 1555, und im besten Falle bis 1618 zu gelangen. Für die mittelalterliche Geschichte ist die Zeit von Ostern bis Weihnachten — um eine Normalzeit anzunehmen — das unentbehrliche Minimum: man kann aber nicht in den weiteren drei Monaten das grundlegende Jahrhundert der Reformation, ein gesamt-europäisches Ereignis ersten Ranges, das die ferneren Geschicke aller Länder bestimmt, und noch dazu die erste Hälfte des folgenden Jahrhunderts einschließlich des 30jährigen Krieges so eingehend behandeln, wie es, wir sagen hier nicht bloß wünschenswert, sondern notwendig ist. Denn die Lüge über diese Kette von Ereignissen hat seit unserer ersten Bearbeitung stark zugenommen und ist in Deutschland eine Macht geworden.

Daß die Geschichte des Mittelalters überwiegend als deutsche Geschichte behandelt werden kann und soll, braucht nicht mehr ausgeführt zu werden, da es in der Theorie allgemein anerkannt ist. Etwa zwei Stunden wird man der „Vorgeschichte" des germanischen Volkes widmen müssen — nicht mehr, unter der Voraussetzung, daß die Obersekunda ihr Pensum, eine knappe Übersicht der Geschichte des römischen Imperiums bis zum Ende des weströmischen Reichs wirklich erledigt hat, denn es ist ganz und gar nicht nötig, daß dem Schüler z. B. sämtliche Feldzüge des Drusus und Germanikus vorgeführt und eingeprägt werden, und es gilt auch hier, was für die griechische und römische Geschichte gilt, — daß man sich nicht in den Dämmer- und Hypothesenzeiten zu lang aufhalten soll. Das wenige Sichere über das Leben der germanischen Stämme in der Urzeit ist bald gesagt, und der Oberprimaner wird ja demnächst doch wohl die Germania des Tacitus lesen und daraus die nötigen Belehrungen über unsere damalige gesellschaftliche und wirtschaftliche Entwicklung schöpfen können. Darin, die römische Kaiserzeit in diesem Zusammenhange als Vorgeschichte zur mittelalterlich-deutschen in solcher Kürze zu behandeln, irrt uns auch das Verlangen nach ausführlicher Vorführung der römischen Kaisergeschichte nicht, dem Harnack in dem Gutachten und den Verhandlungen der Berliner Junikonferenz von 1900 (Verhandlungen S. 364 f. und 145 ff.) beredte Worte gegeben hat. Was er verlangt „bei der Behandlung der Kaiserzeit den Eintritt des Christentums in die Weltgeschichte, die Spannung zwischen Kirche und Staat und die allmähliche Verbindung des Christentums mit der geistigen Kultur der Antike und damit die relative Versöhnung beider zu schildern vom Standpunkt der allgemeinen Weltgeschichte aus unter Hinweis auf die wichtigsten Stücke der Literatur" kann, soweit es im Gymnasium überhaupt möglich ist, nur im Religionsunterricht geleistet werden.

Mit wenigen Sätzen ist Odoaker zu erledigen, dagegen gestatten unsere Quellen von dem glänzenden Phänomen der Gotenherrschaft in Italien, dem Königtum Theodorichs, dem heroischen Todeskampf des Volks und der byzantinischen Restauration wohl ein etwas farbigeres Bild zu geben; auch Chlodwig und die eigentümliche Art von Theologie, die seiner Bekehrung zu Grunde lag, gibt ein solches. Dann aber unternehme man nicht, von der fränkischen Geschichte bis auf Karl Martell oder Karl den

Großen mehr zu geben, als eine deutliche Markierung des Geschichtsfelds in einer knappen Punktation: das Charakteristische, die eigentümliche Mischung der überkommenen römischen Kultur mit der angestammten germanischen Barbarei wird keine Schilderung dem Schüler klar machen können. Dagegen sollten die Ursprünge des Islam, seine Lehre, seine Moral und was von Phantastischem oder Mythologischem sich an Muhameds Eingebungen gehängt hat, so weit ausgeführt werden, als ausreicht, um eine erste deutlichere Vorstellung von den Kräften dieser höchst eigentümlichen und weltgeschichtlich wichtigen Religion zu geben. An die Geschichte ihrer ersten Eroberungen auf europäischem Boden und des entscheidenden Zusammenstoßes im Jahre 732 schließt sich das Emporkommen der neuen fränkischen Dynastie und der päpstlichen Autorität, deren geschichtliches Werden und Wachsen als einer großen moralischen Autorität objektiv entwickelt werden muß. Das wird auch der Protestant als etwas Providentielles anerkennen müssen: dem historisch-wissenschaftlich schlechthin unhaltbaren Wahn von einer unmittelbaren göttlichen Einsetzung des Papsttums anders entgegenzutreten, als mittelbar durch ruhige Darlegung jener Entwicklung, hat der Geschichtslehrer keinen Beruf, wie wir denn überhaupt bemerken wollen, daß jede Art von Polemik gegen die mittelalterlichen Vorstellungen, die bekanntlich noch sehr lebendig sind, an dieser wie an späteren Stellen durchaus zu vermeiden ist. Protestantische und jüdische Schüler brauchen sie nicht und bei katholischen Schülern würde sie der richtigen Erkenntnis eher den Weg versperren, den unser Unterricht ihnen vielmehr offen halten oder eröffnen muß, indem er die Dinge nach Kräften *sine ira et studio* so darstellt, wie sie wirklich gewesen sind. Bei Karl dem Großen sollte, entgegen dem wie wir glauben gewöhnlichen Verfahren, der Eroberer kürzer, der Regent ausführlicher behandelt werden: es ist dabei auch einige wirtschaftliche Belehrung, wie sie der Gymnasialschüler fassen kann, zu holen. Ganz kurz werde die übrige Geschichte des 9. Jahrhunderts, der ἀμενηνὰ κάρηνα der Karolinger, gegeben, auch noch die Geschichte Konrads I., Heinrichs I.; etwas ausführlicher die Periode der sächsischen Dynastie bis 1024. Auch sie nicht allzu ausführlich, die Kämpfe Ottos I. mit seinen aufständischen Brüdern und Söhnen bleiben für den Schüler schattenhaft, wie ihre Träger, von denen man kein auch nur annähernd deutliches Bild gewinnen kann: einige bestimmtere Charakterzüge lassen sich in der imposanten Herrschergestalt Ottos I., kaum aber bei Otto III. oder Heinrich II. und gar nicht bei Otto II. fassen. Ehe man, wenn das Nötigste gesagt und gemerkt ist, weiterschreitet, muß dargelegt werden, was bis dahin in Deutschland erreicht ist, die Zurückdrängung der Raubvölker, die neugewonnene Fühlung mit Italien und mit Ostrom, die großen Kulturfortschritte: Brun, der große Bischof, ist eine in unseren Quellen wenigstens einigermaßen individualisierte Gestalt, die uns das mittelalterliche Kirchentum des 10. Jahrhunderts von sehr rühmlicher und uns sympathisch berührender Seite zeigt. Eine Schwierigkeit neuer Art erhebt sich in der nun folgenden Partie, die in dem Kirchenstreit, dem Konflikt zwischen Heinrich IV. und Gregor VII., gipfelt und hier kann sich bei dem Charakterbild der beiden Gegner, das in den Parteischriften von beiden Seiten zur Karikatur verzerrt oder verzeichnet worden ist, die Objektivität des Geschichtslehrers unserer Zeit zeigen: freilich glaube ich nicht nur, sondern weiß, daß auch noch heute, wie in meiner Jugend vor fünfzig Jahren noch viel über die Schmach, welche das deutsche Königtum zu Canossa erfahren, peroriert wird, während doch in Wahrheit Heinrich IV. durch seine Kirchenbuße und die durch dieselbe erzwungene Absolution einen sehr unzweifelhaften diplomatischen Sieg über Gregor errungen hat, und jene in herkömmlichen Formen sich vollziehende Kirchenbuße zum mindesten nichts hatte, was ihn in den Augen der damaligen Menschen herabgesetzt hätte. Eine Schwierigkeit, welche nahezu das ganze Mittelalter bietet, können wir freilich nicht heben: für die ganze „sinnlich-übersinnliche" Weltanschauung, der die übersinnliche Welt ganz unmittelbar in die sinnlich sichtbare hineinragte und mit ihr zusammenfloß, fehlt uns das volle mitempfindende Verständnis und zwar in weit höherem Maße als der antiken Anschauungsweise gegenüber. Man muß sich also an das Tatsächliche halten, und sich dabei den Vorteil nicht entgehen lassen, den wir da und dort z. B. bei der Geschichte des ersten Kreuzzugs haben, wo uns dieses Tatsächliche in einer gewissen epischen Fülle dargeboten wird.

Die folgende Periode, Kreuzzüge bis Rudolf von Habsburg, lassen zwar Charakterbilder und individuelle Züge und Zeichnungen in etwas reichlicherer Fülle zu, Friedrich Barbarossa, Friedrich II. namentlich, zur Not Heinrich VI., Bernhard von Clairvaux, Alexander III., Innozenz IV.: im ganzen aber wird man doch auch nach der Lektüre von Giesebrechts sehr ausführlichem Werke, das überdies in seinen sieben Bänden noch nicht einmal den Tod Friedrichs I. erreicht, und selbst nach Durcharbeitung der ca. 3000 Seiten des hochbedeutenden gewaltigen Werks der Kirchengeschichte Deutschlands von Albert Hauck sich gestehen müssen, daß diese Welt uns innerlich sehr fremd geworden ist, und das Erquickendste historischer Unterweisung, die Anschaulichkeit, das Vergegenwärtigen, nur in sehr bescheidenen Grenzen möglich ist. Man hat früher wohl gerade die staufische Zeit im Auge gehabt, wenn man sich von der Vorführung mittelalterlich-deutscher Geschichte Erweckung patriotischer Begeisterung und besondere ethische Wirkungen versprach: wir sind in dieser Beziehung aber nach und nach doch strenger geworden, verlangen von jeder Art geschichtlicher Darstellung, also auch von der im gymnasialen Unterricht, das Geschehene in seiner wirklichen Gestalt, nicht in irgend welcher künstlich herbeigeführten Färbung oder Beleuchtung, und unterscheiden schärfer als früher geschehen zwischen Ethos und Pathos. Indes das ideale Moment fehlt doch auch dieser Geschichte nicht, so wenig als irgend einem anderen Teil: es liegt wie überall, wie sein Name sagt, in den Ideen, die in den Menschen leben, und in Einem möchte doch dieser Zeit, der Zeit der Kreuzzüge bis zum Interregnum, etwas ethisch besonders Befruchtendes inwohnen — diese geistig noch so sehr gebundenen, unfreien, rohen ja lasterhaften Menschen waren doch in Einem unserer Zeit sehr überlegen — der Fähigkeit für eine Idee ihr Behagen und selbst ihr Leben zu opfern.

Vielleicht die schwierigste Aufgabe stellt dem Lehrer die letzte

Periode, das ausgehende Mittelalter, Rudolf von Habsburg bis Luthers
Thesen, namentlich ihr erster Teil, das Ende des 13. und das 14. Jahrhundert, und wir würden für diesen Teil zum mindesten auch eine recht
abgekürzte Behandlung anraten, damit für das hochwichtige 15. möglichst
viel Zeit gewonnen werde. Hier nun spielen die kirchlichen Dinge wiederum
die große Rolle, und es erhebt sich wieder wie in Tertia, und da wir hier
keine so naiven Schüler mehr vor uns haben, ernsthafter als dort eine
Schwierigkeit oder richtiger gesagt eine Aufgabe, um die man nicht mit
einigen allgemeinen Redewendungen herumkommt. Die kirchlichen Gegensätze, welche heute die Nation spalten, treten von jetzt an und schon bei
der Behandlung der kirchlichen Bewegung des 15. Jahrhunderts erstmals
in einer auch für den Schüler augenfälligen Gestalt zu Tage, und wir
haben, hier in stärkerem, dort in geringerem Maße mit der Tatsache zu
rechnen, daß wir Schüler verschiedener Konfession vor uns haben: Schüler
verschiedener Konfession, d. h. solche, die durch verschiedene häusliche
Erziehung und damit zusammenhängende sonstige Verhältnisse sehr verschieden disponiert sind. Es ist mir oft, von kirchlich gebundener Seite,
bei meinem Unterricht in einer, lange Zeit etwa zu halb und halb konfessionell gemischten, Prima die charakteristische Frage gestellt worden,
wie denn dies möglich sei, identischer Unterricht in neuerer Geschichte
für evangelische und katholische Schüler? Die Antwort konnte einfach
genug lauten: ich lehre Geschichte und nicht Theologie. Die Ausführung
ist aber nicht immer ebenso leicht. Der oberste Grundsatz für den Lehrer
ist allerdings überall — die Wahrheit sagen und das ist, praktisch gefaßt,
zunächst: nichts Unwahres sagen. Das zweite Gebot aber, das im ersten
enthalten ist, wie die Nächstenliebe in der Gottesliebe, ist — nur soviel
zu sagen, als der Schüler tragen kann, als für ihn Wahrheit ist oder
Wahrheit werden kann. Hier, bei solchen Partieen wenn irgendwo ist in
der Tat Vorsicht Mutter der Weisheit — solange, bis umgekehrt die Weisheit des Lehrers Mutter seiner Vorsicht wird — und der kritische Moment,
wo der Geschichtslehrer sich dessen erinnern muß, tritt nicht erst bei der
Darstellung der Reformation und ihrer Folgen ein, sondern schon bei der
Darstellung der Konzilienbewegung des 15. Jahrhunderts und insbesondere
beim Prozeß des Hus. Ich habe bei langjährigem Unterricht in der Prima
eines paritätischen Gymnasiums es von guter Wirkung gefunden, beim
Eintritt in diesen Teil der geschichtlichen Erzählung ein offenes Wort an
die Klasse zu richten. Ich habe ihr gesagt, daß wir nunmehr in die Zeit
einträten, wo die in der Welt waltenden Gegensätze katholischer und
protestantischer Auffassung auch bei der Darstellung geschichtlicher Vorgänge eine Rolle spielten; wo nun einer meiner katholischen Schüler etwa
durch irgend einen Punkt meiner Darstellung sich angestoßen fühle,
wünsche ich, daß er mir das sage, und ich würde ihm dann eine Geschichtsdarstellung nennen und zur Verfügung stellen, wo er (z. B. bei dem Protestanten Leo) die katholische Auffassung zur Vergleichung nachlesen
könne: im übrigen aber bemerke und betone ich, fuhr ich fort, daß es
beim geschichtlichen Unterricht nicht unsere Aufgabe sei, zu untersuchen,
ob die katholische oder die protestantische Auffassung des Christentums

die richtigere sei, ob Hus oder die Mehrheit des Konstanzer Konzils, ob Luther oder die alte Kirche, was man sage Recht gehabt hätten: unsere Aufgabe sei, nach besten Kräften vorzuführen, was wirklich geschehen sei. Dann ging ich an die Erzählung und habe den Prozeß Hus dargestellt, wie ich ihn längst angesehen und wie er wohl jetzt ziemlich allgemein aufgefaßt wird, als tragischen Konflikt zwischen einer Konzilsmehrheit, die, aufrichtig bestrebt, die Kirche zu reformieren, dabei aber am Glauben der Väter, an ihrem Dogmensystem festzuhalten gewillt war, und einem einzelnen etwas beschränkten aber durchaus ehrlichen Jünger Christi, der seiner christlichen Überzeugung folgte, und der, ohne selbst es zu bemerken, allerdings mit dem Satze, „daß, wem Gott den Auftrag gegeben habe zu predigen, dies tun müsse, ohne durch bischöflichen oder päpstlichen Bann sich hindern zu lassen" — sich außerhalb der kirchlichen Ordnung gestellt habe, also in deren Sinne allerdings ein gefährlicher Ketzer gewesen sei: umsomehr als er in diesem und dem einen und anderen Punkte der Autorität des Konzils, der höchsten in dem Gedankenkreis dieser Männer, sich nicht habe fügen wollen. Ich habe damit geschlossen, daß ich meinen, an dieser Stelle sehr aufmerksam gewordenen Schülern sagte, daß hier für uns nicht die Frage sei, welche von den beiden hier gegeneinander stehenden Parteien theologisch Recht gehabt hätte, sondern daß für uns es hier vor allem eines zu sehen gebe — wie ein Mann, der sich mit einem Wort hätte retten können, doch im Dienste seiner sittlichen Überzeugung lieber in den Tod gegangen sei, weil er jenes Wort des Widerrufs gewissenshalber nicht habe aussprechen können — jedem von uns, er sei Katholik oder Protestant, ein Beispiel hoher Treue gegen eine Überzeugung. Ich muß hinzusetzen, daß ich, bei sehr exponierter Stellung, niemals wegen meines geschichtlichen Unterrichts irgend eine Unannehmlichkeit zu befahren hatte.

Noch brennender wird diese Frage — oder sagen wir lieber, noch ernsthafter wird für den gewissenhaften und wahrheitsliebenden Lehrer diese Aufgabe beim Eintritt in den Abschnitt, den man die „Neuere Geschichte" in besonderem Sinne zu nennen sich gewöhnt hat. Das zeigt sich sofort an der Schwelle. Eine große Anzahl von Lehrbüchern, fast alle von katholischen, einige auch von evangelischen Autoren verfaßte, setzen als Anfangspunkt dieser Neueren Geschichte das Jahr 1453, die „Eroberung Konstantinopels durch die osmanischen Türken", oder das Jahr 1492, die „Entdeckung Amerikas". Beides ist handgreiflich falsch. Jene Eroberung war ein sehr wichtiges, aber kein universales Ereignis; die Belebung der humanistischen Studien durch die flüchtenden Griechen ist ein wichtiges Moment in einer sehr allmählich sich vollziehenden Bewegung, aber ebenfalls kein Völkergeschick entscheidendes Ereignis gewesen, und die „Entdeckung Amerikas" gehört als eines ihrer letzten und entscheidenden Glieder in eine Übersicht über die Geschichte der Entdeckungen ans Ende des Mittelalters, nicht aber als epochemachendes Ereignis an die Schwelle eines der großen Hauptteile der Menschengeschichte. Es ist ein wesentlich doch äußerer Vorgang, der unmittelbar keine weitgehende Wirkung hatte: von erheblicher Bedeutung im universalhistorischen Sinn ist der damals aufgefundene, aber noch nicht als solcher erkannte neue Weltteil bekanntlich erst viel später geworden. Dagegen ist, was am 31. Oktober 1517 geschehen, in sehr unscheinbaren Formen ein Ereignis, das in seinen Folgen die nächsten Jahrhunderte bis auf die Gegenwart beherrscht und in Wahrheit das Leben der einzelnen, wie das Leben der europäischen Völker vorzugsweise disponiert und bestimmt hat: wir wollen auf das verweisen, was einer der geistvollsten Geschichtsbetrachter des 19ten Jahrhunderts, Thomas Carlyle, darüber sagt.[1]) Diesen völlig sachgemäßen, objektiv richtigsten Ausgangspunkt für die „Neuere Geschichte" aus bloßer Furcht vor irgend einem Phantom mit einem anderen vertauschen, der wissenschaftlich offenbar irreführend ist — dies ist eine der Schule und ihrer Diener ganz unwürdige Feigheit. Man sage nicht, daß dies gleichgültig sei: der Geschichtsunterricht hat (wenn einer) am Gymnasium wie überall und an seinem Teile ganz besonders so gut wie der mathematische oder der naturwissenschaftliche Unterricht Respekt vor der Tatsache zu pflanzen d. h. den Wahrheitssinn zu entwickeln und damit, ohne viel Lärm zu machen, die in der Welt sich breit machende, Rücksichten und Nützlichkeitsgründen sich bequemende Unwahrhaftigkeit, die Lüge und die Halblüge zu bekämpfen. Dem protestantischen Lehrer aber steht es wohl an, in seinem Geschichtsunterricht — ich stehe nicht an zu sagen mit einer gewissen Vorliebe — reine und große Erscheinungen der katholischen Kirche, Männer wie Contarini oder Hadrian VI., hervorzuheben, selbst von dem Jesuitenorden keine Karikatur zu zeichnen, überall, wo ihm Opferfähigkeit für eine Idee entgegentritt, dies gebührend zu betonen: es steht ihm auch sehr wohl, ganz überaus wohl an, seinen Schülern zu Gemüte zu führen, daß nicht bloß die römische Kirche Andersgläubige verbrannt oder gepeinigt hat.

Mit dem Schluß des Mittelalters ändert sich nun der Gesichtspunkt einigermaßen insofern, als die Neuere Geschichte nicht mehr so vorzugsweise als deutsche Geschichte behandelt werden kann, wie die mittelalterliche, sondern, wenn auch noch nicht als „Weltgeschichte", doch vom europäischen Standpunkt aus betrachtet und behandelt werden muß. Dies gilt namentlich von der Reformationsgeschichte, der grundlegenden: wir dürfen in Deutschland nicht auf die Stufe des englischen oder französischen Geschichtsunterrichts herabsinken. Wir versuchen im folgenden einige Andeutungen über diesen letzten Teil der Wanderung zu geben, welche vorzugsweise sich auf die Sichtung des Stoffes, die ungleich ausführliche Behandlung der einzelnen Teile beziehen sollen. Die Gesamteinteilung ist gegeben: 1517—1648, 1648—1789, 1789—1871 die Haupt-

---

[1]) Geschichte Friedrichs II. von Preußen, Bd. I S. 208 ff. der deutschen Übersetzung: „Die Reformation war das große Ereignis jenes 16. Jahrhunderts: je nachdem einer etwas dabei getan oder nichts getan oder das Tun gehindert hat, hat er viel Anspruch auf Andenken oder keinen Anspruch an unser Zeitalter." Man muß die ganze lange Stelle lesen, deren schroffe und einseitig protestantische Fassung wir vom historischen Standpunkt aus uns allerdings nicht aneignen können. Das aber ist klar, daß mit dieser Bewegung ein neues geistiges, Menschen- und Völkerleben beherrschendes Prinzip in die Welt trat, das auch im Geschichtsunterricht an die beherrschende Stelle gerückt werden muß.

perioden, deren jede, wie wir sehen werden, auf ungezwungene Weise sich wieder in drei Abschnitte gliedern läßt.

Die erste Periode, die der religiösen Kämpfe, 1517-1648, zerfällt in drei Abschnitte 1517-1555, 1555-1618, 1618-1648, und von diesen würden wir den ersten, 1517-1555, eine ausführliche Darstellung vor allem der deutschen Reformation, diese und nicht mehr, den letzten drei Monaten der Unterprima zuweisen: es ist aber unter günstigen Umständen möglich, daß ein Lehrer noch ein Stück weiter kommt, also die zunächstliegende Aufgabe, mit der wir unserteils das Pensum der Oberprima belasten würden, die Geschichte der außerdeutschen Länder von 1517 bis gegen 1618, noch in Unterprima erledigt. Dies ist keine Kabinettsfrage: nur muß dem Schüler ganz deutlich werden, welche Schicksale das neue Prinzip in den übrigen europäischen Ländern, in Italien, Spanien, Frankreich, England u. s. w. gehabt hat, es muß also die spanische Geschichte mit dem Abfall der Niederlande bis 1609, die französische bis zum Tode Heinrichs IV. 1610, die Englands und Schottlands bis zum Regierungsantritt des zweiten Stuart, bis 1625, dann die Deutschlands bis 1618 erzählt werden: die Durchführung der Reformation in Skandinavien kann man bis zu Gustav Adolfs Auftreten zurückstellen.

Man gewinnt durch diese Anordnung den Vorteil, indem man nunmehr die Geschichte Deutschlands wieder aufnimmt, sie *uno tenore* von 1555—1648 durchführen zu können, und dabei möchten wir den Rat geben, die ganze Geschichte Deutschlands von 1555—1618 in einer Stunde, also in kürzestem Überblick zu geben: wem dies nicht einleuchtet, den bitte ich, sie sich erst einmal nach dem ersten Band des Werkes von Moritz Ritter klar zu machen. Es ist viel wichtiger, daß der Schüler einen klaren Begriff von der großen europäischen Krisis in dem ungeheuren weltgeschichtlichen Kampfe, dem 9. Jahrzehnt des 16. Jahrhunderts also, erhalte, das Ereignis von 1588 z. B. richtig auffasse. Nur dann wird er auch den 30jährigen Krieg würdigen, bei dem der Lehrer allerdings ganz wohl eine ausgeführtere pragmatische Erzählung geben kann, doch so, daß er sich nicht, namentlich nicht in dem letzten Teil 1632—1648 zu tief in die kriegerischen Operationen verstricken lasse. Der Geschichte des 30jährigen Kriegs, welche die Geschichte Deutschlands von 1618—1648 ist, folge dann die der übrigen europäischen Hauptländer: England, bis zum 30. Januar 1649, der Hinrichtung Karls I., etwas ausführlicher; die Niederlande, die aufstrebende Macht, und Spanien, die sinkende; Italien, diese in gedrängter Punktation; Frankreich, zuletzt, aber etwas ausführlicher, weil hier, im Gegensatz zur gleichzeitigen Entwicklung in England, der königliche Absolutismus erwächst, der die folgende Periode beherrschen wird: indem wir die Geschichte Frankreichs vom Tode Heinrichs IV. bis zum Regierungsantritt Ludwigs XIV. an diese Stelle rücken, haben wir wiederum den Vorteil, die Geschichte Frankreichs als der im folgenden Zeitabschnitt dominierenden Macht in einem Zuge, in ihrem Zusammenhang von 1610 bis 1700 erzählen zu können.

Auch die zweite Periode der neueren Geschichte 1648—1789 gliedert sich bequem in drei Abschnitte, vom westfälischen Frieden bis zum Tode

Karls II. von Spanien, von da bis zum Regierungsantritt Friedrichs II. von Preußen, von da bis zur Berufung der Reichsstände nach Versailles; 1648—1700, 1700—1740, 1740—1789. Man pflegt den ersten dieser Abschnitte das Zeitalter Ludwigs XIV. zu nennen: und indem man dies schildert, ist denn auch Gelegenheit oder Pflicht, einiges Soziale und Wirtschaftliche beizubringen, vorhanden — die man doch auch wohl seither schon benützt hat: die Umwandlung der noch sehr stark feudalen in eine straff monarchische Verwaltung, die Reform der Justiz, der Finanzverwaltung, die Ausbildung des stehenden Heeres, die Begünstigung des Handels und der Industrie, die Literatur und die Selbstvergötterung des Königtums, die Bändigung des Adels u. s. w. Das ist eben dieses *siècle de Louis XIV.*, und auch das hat man wohl schon längst bei Erwähnung der Dragonaden und der Hugenottenverdrängung bemerkt, daß Bigotterie und Fanatismus schlechte Volkswirte sind. Diese kulturgeschichtlichen Momente sind hier allerdings sehr viel fruchtbarer und wichtiger, als wenn man sich in das Detail der kriegerischen und diplomatischen Verwicklungen wollte verstricken lassen. Nach der französischen Geschichte nehme man die englische dieses wichtigen Zeitabschnitts vor: die Entwicklungen von Karls I. Tode bis zum Tode Wilhelms III., oder bis zur Befestigung der Neuordnung von 1689, also bis 1700. Auch diese Geschichte ist nicht ganz kurz abzumachen: dies Stück der englischen Geschichte ist von so universaler Bedeutung, sie zeigt Menschen und Institutionen so eigentümlicher Art, daß Schüler der obersten Stufe einer höheren Schule, Gymnasium oder Realschule, mehr als bloß einzelne abgerissene Daten von ihnen wissen müssen. Wir in Deutschland verstehen englische Geschichte besser als die irgend eines anderen Volks: es ist der gemeinsame germanische Geist, der hier waltet: und dieser Teil, 1648—1700, ist auch leicht verständlich, während die englische Geschichte der Folgezeit, die Regierungszeit Annas und der vier George, ausführliche Erzählung nirgends mehr zuläßt. Für die Geschichte Deutschlands in dieser Zeit 1648—1700 glaube ich bemerken zu sollen, daß man sie gewöhnlich den Schülern in zu pessimistischer Färbung vorführt: besonders das Haus Habsburg kommt, neben dem römischen Reich, sehr schlecht weg. Man muß aber hier unseres Erachtens recht stark hervorheben: einmal, daß der Kaiser in der üblen Lage war, nach zwei Seiten, gegen Frankreich und gegen die Türken, Front zu machen, und daß es eben in dieser zweiten Hälfte oder letztem Viertel des 17. Jahrhunderts doch gelungen ist, die Türkengefahr endgültig zu beseitigen; und zweitens, daß in diese Zeit ein zweiter großer politischer Erfolg fällt, die Schöpfung des brandenburgisch-preußischen Staats. Wenn dabei, bei Schilderung der Regierung des großen Kurfürsten, das Departement des Innern, seine wirtschafts- und gesellschaftsfördernde Taten eingehender besprochen werden, als seine Kriege, der *miles perpetuus* auch nach seiner wirtschaftlichen und sozialen Bedeutung gewürdigt wird, so ist dagegen sicherlich gar nichts einzuwenden.

Der zweite Abschnitt der zweiten Hauptperiode, 1700—1740, beginnt mit zwei großen Kriegen, dem spanischen Erbfolgekrieg und dem nordischen, und hier wird man allerdings nicht umhin können, dem Militärischen, den Kriegsschauplätzen und den einzelnen Feldzügen etwas eingehenderes Interesse zu widmen. Daß beide Kriege nur vom europäischen Standpunkt aus verstanden werden können und mithin als europäische Ereignisse behandelt werden müssen, das Interesse, das sie vom deutschen Standpunkt aus gehabt haben, mithin zwar hervorgehoben, aber doch als ein sekundäres behandelt werden muß, ist nur deswegen zu erwähnen, weil man gegenwärtig meint, alles als deutsche Geschichte behandeln zu können. Beide Kriege, beziehungsweise die Friedensschlüsse die ihnen ein Ende gemacht haben, geben eine willkommene Gelegenheit, die Territorial- und Machtverhältnisse unseres Erdteils deutlich zu machen: der nordische Krieg ergänzt hier den spanischen; die nördliche und östliche Welt, die skandinavische Geschichte und die russisch-polnische drängt sich dem Interesse entgegen, und dem Geschichtslehrer erwächst hier die Pflicht, in einer Stunde einmal die geographischen Grundbedingungen der russischen Macht darzulegen und dann die geschichtliche Entwicklung dieser Macht, dieses Reichs, in kurzem Überblick vorzuführen, wobei es wiederum an Gelegenheit zu „vergleichender Berücksichtigung" gesellschaftlicher und wirtschaftlicher Entwicklung nicht fehlen kann. Und in der Tat ist es überaus wichtig, daß unsere wissenschaftlich gebildete und für leitende Stellungen vorzubereitende Jugend etwas Eingehenderes über slavisches Wesen gehört habe. Dem Lehrer, der, um kurz und gut sein zu können, sich selbst erst gut orientiert haben muß, glauben wir Teil II, Abteilung 1 von Bernhardis Geschichte Rußlands und der europäischen Politik 1814—1831 (Leipzig 1874) von S. 197—436 zu diesem Zweck nachweisen und empfehlen zu sollen, um so mehr, als man diese ganz vortreffliche Skizze nicht leicht im zweiten Band eines der Geschichte Rußlands im 19. Jahrhundert gewidmeten Werkes suchen wird. Der sogenannte nordische Krieg hat durch die in ihrer Art sehr interessante Persönlichkeit Karls XII. ein gewisses episches Gepräge und Interesse: man verfolgt diese Laufbahn bis zum Schlusse, bis dahin also, wo er nach der selbst in renommierten Geschichtsbüchern noch immer nicht ausgetilgten Erzählung „meuchlings" erschossen worden sein soll. Das letztere gibt uns aber vielmehr die Gelegenheit, die man nicht eben aufsuchen, aber einigemale, wo sie leicht sich bietet, ergreifen soll — dem gereiften Schüler zu zeigen, was Volksgerede, Gerücht, Sensationsnachricht, und was ernsthafte Geschichte ist und wie diese gewonnen wird. Daß Karl durch einen Schuß von der belagerten Festung her seinen Tod gefunden hat, ist durch zweimalige Untersuchung des Skeletts unzweifelhaft sichergestellt: und man darf einen Exkurs von fünf Minuten daran wenden, historische Kritik an der Überlieferung zu üben. Das Material gibt das auch ins Deutsche übersetzte Werk von Fryxell über die Geschichte Karls XII., von wo es dann auch in landläufige Geschichtsbücher wie Jäger, Weltgeschichte III, 476 f. übergegangen ist.

Werden nun die Friedensschlüsse von 1713, 1714 und von 1719, 1720, 1721 und ihre Ergebnisse deutlich gemacht, so wird der Rest des Abschnitts, von 1721—1740, in Einer Stunde und mit dem, was ich im Gegensatze zur Erzählung eine bloße Punktation nenne, abgemacht werden können, und vielleicht wird hier, und nicht 1648, wie der Preußische Lehrplan will, der geeignete Zeitpunkt sein, eine Übersicht des europäischen Staatensystems, so wie es etwa der Wiener Friede von 1735 voraussetzte oder feststellte, zu geben. Dies schließt nicht aus, auf einzelnem, z. B. beim Blick auf Frankreich bei der Finanzgebarung John Laws, etwas zu verweilen, wo man die Schüler über die wirtschaftlichen Begriffe von Geld, Kredit, Schwindel und Krach recht gut belehren kann.

Wir nehmen an, auf mehrmaliges Experiment gestützt, daß dies Ziel, 1740, selbst wenn man das Semester mit 1555 und nicht mit 1648 begonnen hat, so erschritten werden kann, daß das zweite Semester Oberprima der Zeit von 1740 bis 1871 bleibt. Dies genügt, da dieses Stück in Untersekunda in relativ sehr ausführlicher Weise behandelt worden ist, was diesen Unterricht auf der obersten Stufe, wenn dieser auch im Ton sehr wesentlich anders zu halten ist, sehr erleichtert. Die Zeit von 1740 bis 1789, der dritte Abschnitt der zweiten Hauptperiode neuerer Geschichte, das „Zeitalter Friedrich des Großen", ist einzuleiten mit einem 3—4 Stunden in Anspruch nehmenden Überblick der brandenburg-preußischen Geschichte, durch welchen früher „Dagewesenes" repetitorisch aufgefrischt wird: einem Überblick, nicht einer langatmigen Repetition: wir wiederholen, daß wir diesen Überblick vom deutschen, ja vom europäischen Gesichtspunkte aus auf einem bayerischen oder württembergischen Gymnasium in genau derselben Ausführlichkeit oder Kürze behandeln würden, wie auf einem preußischen. Über das Einzelne der Geschichte Friedrichs des Großen brauchen wir nichts zu sagen: man lüge nicht und schmeichle nicht, — umgehe z. B. die Wahrheit nicht, daß die Erziehung des großen Mannes eine mangelhafte, zum Teil grundverkehrte war und gehe auch jetzt, gleichsam aus Reue darüber, daß man lange Friedrich Wilhelm I. als einen halbverrückten Despoten geschildert hat, bei diesem aus Gut und Schlimm merkwürdig gemischten Manne nicht nach der andern Seite über die Grenze geschichtlicher Wahrheit hinaus. Die Kriegsgeschichte, wie Thukydides und nach ihm Archenholz tun, streng chronologisch, nach Sommern und Wintern, mit klarem Auseinanderhalten der verschiedenen Kriegsschauplätze: bei den Schlachterzählungen kein Prunken mit halbverdauter Strategie und rechtem und linkem Flügel, vielmehr suche man bei jeder der wichtigen Schlachten irgend einen oder einige prägnante Einzelzüge heraus, wofür, wie erwähnt, die Biographie Friedrichs des Großen von Carlyle zu empfehlen ist, in dessen Art sich freilich das historische Philistertum nicht recht wird finden können. Es wird richtig sein, die Geschichte Friedrichs zusammenhängend bis zum Hubertsburger Frieden zu erzählen: kürzer, d. h. nicht allzukurz, ist der schwierige Abschnitt von 1763—1789 zu behandeln. Wir würden diesen so disponieren:

1. Deutschland:
   a) Preußen, zweite Hälfte der Regierung Friedrichs,
   b) Österreich, Maria Theresia; Josef II. Reformen in den Erbstaaten,
   c) was hinüberführt zu seinen Reformversuchen im Reich und Gelegenheit gibt, dessen Zustände (vgl. oben Untersekunda) zu skizzieren,

Deutschlands politische Zersplitterung und seinen geistigen Aufschwung vorzuführen. 2. Rußland, Türkei, Polen, erste Teilung. 3. Der Norden: Dänemark (Struensee), Schweden (Staatsstreich von 1772). 4. Am entgegengesetzten Ende gleicher Reformdespotismus, Portugal, Neapel, Spanien, Aufhebung des Jesuitenordens, und zusammenfassende Charakteristik der Zeit als Periode der Aufklärung. 5. Endlich: England und Frankreich: ihre verschiedene Entwicklung im Innern, ihre Rivalität zur See — Kämpfe in Ostindien und Nordamerika, erstere kurz, letztere, die Geburtsgeschichte der Vereinigten Staaten, etwas ausführlicher. Sie führen unmittelbar zur Geschichte Frankreichs unter Ludwig XVI., zur Vorgeschichte der französischen Revolution hinüber.

Damit haben wir die dritte Periode 1789—1871, etwa Ende Oktober erreicht und hätten, wenn es gut geht, noch knappe vier Monate zur Verfügung. Der Geschichtsunterricht wird, je näher er der Gegenwart rückt, um so schwieriger und die Hauptschwierigkeit ist die erdrückende Menge des Stoffs, der man — es ist eine triviale Wahrheit — nur durch Sichtung d. h. ungleichmäßige und bis zu einem gewissen Grad also auch ungleichartige Behandlung begegnen kann. Darüber noch einige Andeutungen.

Die Abschnitte sind 1789—1815, 1815—1848, 1848—1871.

Bei der Geschichte der eigentlichen Revolutionszeit 1789—1804 vertiefe man sich nicht allzusehr in die „Ursachen der Revolution", die überaus verwickelter Natur sind, erzähle aber den Gang dieser Revolution bis zum Umschlag des Thermidor in tunlicher Ausführlichkeit, während die kriegerischen Ereignisse unter starker Anlehnung an das hoffentlich verständig klare Lehrbuch ohne viel Detail vorgeführt werden; ausführlicher den Sturz der Direktorialregierung und die Rückwirkung der werdenden revolutionär-monarchischen Ordnung in Frankreich auf die deutschen Verhältnisse; wogegen für die Zeit von 1804—1812 die kriegerischen Ereignisse und die dämonische Persönlichkeit Napoleons in den Vordergrund treten: man verabsäume nicht, auch den wohltätigen Wirkungen, unmittelbaren und mittelbaren, dieser Tyrannei ein Wort zu widmen. Es mag beiläufig daran erinnert werden, daß an einer etwas eingehenderen Betrachtung dieses Zeitabschnitts 1789—1815 unendlich viel mehr für das künftige Leben unserer Primaner, für das berühmte „Verständnis der Gegenwart", zu lernen und zu gewinnen ist, als aus einer notwendig doch nur dürftigen und oberflächlichen Durchnahme der Zeit von 1871—1900. Hier, wie bei der ganzen neueren und neuesten Geschichte ist daran zu erinnern, daß, wenn man auch sich im allgemeinen davor hüten muß, sich zu tief in Strategie und Taktik einzulassen, man doch den Gang der Kriege durch scharfe Markierung der Entscheidungspunkte auf den verschiedenen Kriegsschauplätzen deutlich machen und den Schüler daran gewöhnen muß, seinen Atlas (es braucht nicht notwendig ein sogenannter historischer zu sein) auch historisch zu lesen. Eine reichliche Zeit muß für die Geschichte der Jahre 1813—1814 (namentlich 1813) ausgespart werden und für das letztere dürfen auch und sollten die Kämpfe und Schlachten in einiger Ausführlichkeit gegeben werden: die Schülerbibliothek soll hier, hier namentlich und kann auch leicht zu erfreuender Ergänzung des Unterrichts durch häusliche Lektüre herangezogen werden.[1]

Der 2. Abschnitt 1815—1848 kann, indem man sich stärker als beim vorhergehenden auf das Lehrbuch stützt, kurz und mehr punktierend als erzählend behandelnd werden: zuerst ein genaues Bild der Territorialgestaltung Europas durch die Wiener Verträge und Charakterisierung der fünf Großmächte nach ihren wesentlichen Lebensbedingungen; Nennung und kurze Charakteristik der übrigen Staaten; dann nach Ländern und chronikartig die wichtigsten Ereignisse; die Keime deutscher Einheit im Zollverein mag ein in diesen Dingen wohlunterrichteter Lehrer näher darlegen und dabei das Verdienst Friedrich Wilhelms III. und seiner Räte gebührend hervorheben: den Rotteckschen oder Hagenschen Standpunkt haben wir ja wohl jetzt glücklich überwunden. Das Jahr 1830 ist eine Station, die aber an Wichtigkeit — für den Unterricht meinen wir — durch die weitere Entwickelung verloren hat, und es kann genügen, wenn nur das allgemeine Ergebnis der „großen Woche" angegeben wird.

Im dritten Abschnitt 1848—1871 bietet zunächst seine Eröffnung, die große Krisis des Jahrhunderts, 1848—1852 außerordentliche Schwierigkeiten durch das Ineinandergreifen der auf größtem Raume spielenden Ereignisse, die jeder übersichtlichen Darstellung zu spotten scheinen. Hier muß ich den Lehrer, der diesen Bemerkungen seine Aufmerksamkeit schenkt, auf den Lösungsversuch verweisen, den ich in dem Abriß der Neuesten Geschichte (Wiesbaden, C. G. Kunzes Nachfolger, 2. A. 1889, mit Anhang bis 1900) gemacht habe und auf dem der betreffende Abschnitt in den neueren Auflagen des weitverbreiteten Herbstschen Hilfsbuchs beruht: er stützt sich, wenn man doch nach Lessings Wort seines Fleißes sich soll rühmen dürfen, auf eingehendes Studium des Gegenstands und langes Ringen um seine Gestaltung: was ich den Gegenvorschlägen, die von einigen Kritikern gemacht worden sind, nicht nachrühmen kann.

Weniger Schwierigkeiten bietet die Zeit von 1852—1863: man kann die wichtigsten Begebenheiten anschließen an die Darlegung der Territorialveränderungen im Orient und in Italien, und dabei die beiden Kriege, welche diese Veränderung der Karte hervorgerufen haben, skizzieren; dabei kommt die Tyrannis Nikolaus I. von Rußland und Napoleons III. von selbst zu deutlicher und wirksamer Vorführung; zuletzt kommt man an Deutschland, wobei man unter Hervorhebung der materiellen Fortschritte das Unbefriedigende und höchst Gefährliche des politischen Zustands unserer Nation um 1863 nach den Gesichtspunkten

    der staatlose Teil der Nation (Bundesverfassung),

---

[1]) Ich empfehle hier „Die Befreiungskriege 1813—15. Aus Urkunden, Briefen und nachträglichen Aufzeichnungen von Augenzeugen beider Parteien dargestellt" von Willi Capeller, 2 Bändchen (Berlin, H. Paetel 1903 und ebenso in derselben Sammlung und derselben Bearbeitung „Der deutsch-französische Krieg 1870/71" von Hans Vollmer.

Österreich, Preußen nachdrücklich hervorheben muß. Das kritische Jahr ist das Jahr 1863, dessen Bedeutung gebührend hervorgehoben werde: der innere Streit in Preußen auf seinem Gipfelpunkt, der deutsche Fürstentag, die schleswig-holsteinische Erbfolgefrage, hinter ihr die große deutsche Frage nunmehr in das Stadium der Entscheidung getreten: darauf Deutschlands Wiedergeburt und Neugestaltung 1863—1871, für welche eine genügende Zeit erübrigt werden muß und die auch nicht schwer darzustellen ist, weil der Verlauf der Ereignisse sehr klar, fast programmäßig sich abspielt, und weil man auch den Krieg von 1866 jetzt, wo die ungeheure Krisis längst hinter uns liegt, sehr ruhig, wenigstens sehr objektiv darstellen kann. Es geschehe mit Hervorhebung des Gesichtspunkts oder der Gesichtspunkte,

daß es eine furchtbar ernste Sache um das Leben einer großen Nation wie der unsrigen ist,

daß die Einigung einer großen Nation zu einem Staate in der Geschichte sich niemals durch schlechthin friedliches Zusammenschließen ihrer Teile vollzieht, *tantae molis erat Romanam condere gentem*,

daß die kriegerische Auseinandersetzung zwischen Österreich und Preußen, dem alten Deutschland des Bundestags und dem neuen — der Bürger- oder Bruderkrieg — die Heilung eines Siechtums darstellt, welches der Nation tötlich hätte werden können,

und daß es recht gut und eine gnädige Fügung Gottes war, wenn die Lehren der Geschichte, die Kritik der kläglichen Verfassung der Nation von 1815—1863, dem alten Deutschland von dem neuem, dem in langer Arbeit erstarkten preußischen Staat, und nicht von einem siegreichen Frankreich gegeben wurde.

Über den versöhnenden 1870er Krieg und sein großes Ergebnis, den Schlußpunkt des eigentlichen Geschichtsunterrichts brauchen wir nichts zu sagen: hier wird selbst der kälteste Darsteller warm werden, und der Historiker kann hier aus seinem Studium, seiner Vorbereitungsarbeit den höchsten Gewinn ziehen und die tiefste Befriedigung schöpfen: er darf die Beredsamkeit der Ereignisse selbst walten lassen.

Soviel über den Vortrag — die Darbietung des Stoffs, wir haben noch einige Worte über die Repetition auf dieser obersten Stufe zu sagen. Sie stellt dem Lehrer schwierige Aufgaben und zwar für ihre beiden Arten — die Wiederholung des in der jevorhergehenden Stunde Vorgetragenen, und die Repetition größerer Partien nach Absolvierung eines Abschnitts oder einer ganzen Periode.

Man legt nun — und dies wird sich doch wohl vorzugsweise auf die erste Art beziehen — großen Wert darauf, daß diese Wiederholung in zusammenhängender Rede vom Schüler gegeben werde. Davon war schon die Rede. Ich würde dem oben angeführten besonnenen Wort des preußischen Lehrplans von 1901 von der freien zusammenhängenden Wiedergabe des Gelernten noch die weitere Mahnung hinzufügen: „soweit solcher Vortrag dem Erfassen geschichtlicher Zusammenhänge und ihrer Einprägung dienlich ist" — diese Übung, wiederholen wir, soll dem Zwecke geschichtlichen Unterrichts dienen, darf nichts als Redeübung für sich bedeuten wollen, die Schüler sollen nicht am Geschichtsunterricht Reden halten lernen: sie sollen nur lernen, sich über gelerntem und *si Diis placet* verarbeiteten geschichtlichen Stoff verständig und einigermaßen fließend auszudrücken. Besondere „geschichtliche Vorträge" von Schülern ausarbeiten und vortragen zu lassen, gehört zu dem Vielen, was ganz gut wäre, wenn wir nur mehr Zeit hätten: man mutet nicht bloß hier dem Gymnasium zu, was Sache der Universität und hier ihres historischen Seminars ist. Auch bei jenem Repetieren in „freiem Vortrag" — d. h. indem man 1, 2, 3 Schüler nacheinander aufruft, die in zusammenhängender Rede den Inhalt der vorhergegangenen Geschichtsstunde wiederholen sollen, muß man sich vor dem Schablonenhaften hüten: schwierigere Partieen wird man besser auf katechetischem Wege wiederholen, wenn man ein volles Verständnis erzielen will, z. B. Verfassungsgeschichtliches und Wirtschaftliches. Und man wird nicht lange brauchen, um die Erfahrung zu machen, daß selbst auf der obersten Stufe die Fähigkeit, geschichtliche Zusammenhänge scharf zu erfassen und klar wiederzugeben, nur erst bei wenigen entwickelt ist.

Hat nun der Vortrag und diese laufende Repetition von Stunde zu Stunde, bei welcher der Schüler sein Lehrbuch gründlich durchzuarbeiten und sich anzueignen veranlaßt wird, zum Hauptzweck die Aneignung des Tatsächlichen in seinem verständig erfaßten Zusammenhang: so sind die Repetitionen größerer Abschnitte dazu bestimmt, wie wir es oben bestimmt haben, die Schüler mit dem gewonnenen historischen Stoff operieren zu lehren — den Schüler in die Elemente angewandter Geschichtskunde einzuführen. Man hat damit schon in Quarta begonnen, und es durch die ferneren Klassen weitergeführt: es leuchtet ein, daß dies Verfahren auf der Stufe der Prima mit reichlicherem Gewinn wird geübt werden können. Wir müssen aber noch einmal hervorheben, wiederholen, daß diese Repetitionen unserer Erfahrung nach die schwierigste Aufgabe oder eine der schwierigsten Aufgaben sind, welche dem Lehrer gestellt werden können oder vielmehr, die er sich stellen muß. Die Motive für solche Repetition sind, wie natürlich, zahllos: wir wollen im Anhang einige derselben anführen und glauben auf diese Weise dem wichtigen Kapitel besser gerecht zu werden, als wenn wir uns um eine Theorie dieser Gesamtrepetitionen bemühten. Man muß sich, auch hier und namentlich hier auf der obersten Stufe, davor hüten, allzutief unter die Oberfläche zu greifen. Denn kommen wir zurück auf das, was wir am Anfang unseres Weges uns haben sagen müssen: dieser ganze Unterricht trägt auch auf seiner relativ höchsten Stufe doch nur einen vorbereitenden, einen propädeutischen Charakter und von dem, was man früher Philosophie der Geschichte genannt hat, oder wie Thomas Buckle in seinem einst (1865) viel gekannten, jetzt mit Unrecht vergessenen Werke *History of civilisation in England* und andere als Biologie der Menschheit bezeichnet und unter diesem Namen als zu erstrebendes Ideal aufstellt, sind wir noch weit entfernt. Gleichwohl gehört es allerdings auch zum Begriff Propädeutik, daß man den Blick der für ein Höheres Vorzubereitenden auch schon auf dieses Höhere richte, es ihnen, soweit es von der Ferne sichtbar ist, zeige. Überall muß dem Schüler entgegentreten, daß jede Kenntnis, die er sich aneignet, zu neuen Kenntnissen zu führen bestimmt, jede erreichte Stufe von Erkenntnis nur die Vorstufe neuer Erkenntnisse ist: und was damit unmittelbar mitgesetzt ist, daß jede erstiegene höhere Stufe der Erkenntnis zugleich auch die Forderungen an den sittlichen Willen des Menschen steigert.

Denn wenn wir auch alles Predigen, alles tendenziöse sogenannte Pflegen der Vaterlandsliebe und aller möglichen sonstigen Tugenden im Geschichtsunterricht abweisen, wenn wir durch alle Stufen verlangen, daß dieser Unterricht vor allem wahr sei, also von den Übertreibungen des Schmeichlers und Optimisten wie des pessimistischen Rigoristen sich ferne halte, so sind wir doch nicht gemeint, für den Gymnasialunterricht gerade auf diesem Gebiete auf die Forderung zu verzichten, daß überall die menschlichen Dinge, die er uns vorführt, unter den Gesichtspunkt der Freiheit[1]) und der Verantwortung gestellt werden, und, was daraus folgt, daß man das moralisch Häßliche und Verwerfliche nicht mit beschönigenden Namen bezeichne. „Alles erklären heißt alles verzeihen" ist ein in unserer weichlichen Zeit bekanntlich sehr beliebtes Wort: im Gegensatz dazu wollen wir den Geschichtslehrer an unseren Gymnasien und den ihnen entsprechenden Anstalten zum Schlusse noch darauf aufmerksam machen, daß sein Unterricht nur dann fruchtbringend gewesen ist, wenn er bei der Mehrzahl seiner Schüler eine Neigung zu strengem Urteile in ethischen Dingen hinterläßt, und daß wir es lieber sehen, wenn er dabei in der Weise des alten Chr. Fr. Schlosser als in der Rankes über das *juste milieu* hinausgeht. Wir wollen damit den Geist, in welchem der Unterricht gegeben werden soll, im Ganzen bezeichnen: dann und wann wird sich die Gelegenheit allerdings von selbst ergeben, oder aufdrängen, wo man an einem historischen Vorgang — wir wollen beispielsweise den Übertritt Heinrichs IV., den Prozeß der Maria Stuart, die Hinrichtung Michael Servedes, die Erschießung des Herzogs von Enghien nennen — das sittliche Urteil der Schüler noch in einem besonderen Sinn üben und bilden kann.

Es leuchtet ein, daß wir in diesem Zusammenhang noch vieles Accidentelle berühren könnten, — die Möglichkeit einer Gesamtrepetition des durchwanderten Geschichtsgebiets z. B. unter bestimmten Gesichtspunkten, die Frage, wie weit häusliche Lektüre dem öffentlichen Unterricht zur Seite gehen könne, etwa auch solle, und in welchem Umfang solle, literarische Winke für die Lehrer bei ihrer Vorbereitung für die einzelnen Partien, Wünsche in betreff der Ausrüstung, welche der künftige Geschichtslehrer am Gymnasium auf der Universität sich verschaffen kann oder soll, und so manches andere: aber wir dürfen uns nicht in

---

[1]) „Aus diesem Gesichtspunkt betrachtet und nur aus diesem ist mir die Weltgeschichte ein erhabenes Objekt", sagt Schiller, „über das Erhabene". Bd. 15, 286 der Hempelschen Ausgabe.

Fragen verlieren, von deren Erörterung wir uns keinen unmittelbaren Gewinn für unsere Leser versprechen dürfen.

Wir sind nicht in der Lage gewesen, besondere methodische Griffe und Künste aufzuzeigen, welche den geschichtlichen Unterricht leichter machen oder leichter erscheinen lassen könnten, als er seiner Natur nach ist. Er ist kein sogenanntes Hauptfach: allerdings: aber ein schlecht behandeltes Nebenfach kann, wie alle Nebenfächer auf der Welt, gar leicht zu einem Hauptübelstande werden. Und umgekehrt kann ein vorzüglich behandeltes Nebenfach, also ein recht guter Geschichtsunterricht, manchen Mangel und Mißstand, der an anderem Unterricht zu tage treten mag, ersetzen und gut machen. Der Lehrer kann sich, und muß sich vielfach, wenn er wahr gegen sich selbst ist und manchmal mit Schmerz empfindet, wie weit der wirkliche Unterricht, auch der seinige, von dem Ideal noch entfernt geblieben ist, zuweilen mit dem trösten, was dennoch durch den Gesamtunterricht und das Zusammenwirken der verschiedenen Kräfte im Organismus der Schule erreicht wird: und das ist, auch auf unserem Gebiet, in der Tat nicht wenig. Auch wenn wir, wie billig, nur Durchschnittslehrer, Durchschnittslehrbücher und Durchschnittsschüler annehmen, so haben diese Schüler doch nicht so ganz wenig erreicht. Sie haben — und diesen einen Vorzug hat das Gymnasium vor den realistischen Anstalten voraus, während sie die übrigen mit ihnen teilt — durch neunjährige intensive Beschäftigung mit den zwei wichtigsten Kultursprachen und stufenweise Quellenlektüre den geschichtlichen Sinn ausgebildet, den Zusammenhang heutigen Lebens und heutiger Denkweise mit Leben und Kultur einer entfernten Vergangenheit erkannt, erfahren, gewissermaßen erlebt — sie haben durch die Beschäftigung mit deutscher Literatur von der Fabel und den Kindermärchen an bis zur hohen Tragödie tiefe Blicke in den Werdegang unserer Nation getan und ihren Herzschlag geteilt, — sie haben eine oder zwei moderne Sprachen so weit gelernt, daß sie die Gleichheit wie die Verschiedenheit der Volksgeister, des deutschen, französischen, englischen, erfaßt und dabei nationalen Stolz und nationale Bescheidenheit gewonnen haben; — sie haben zweimal, einmal als Knaben und einmal als Jünglinge den Gang durch die Jahrhunderte, Völker und Zeiten, gemacht, haben wie Odysseus vieler Menschen Städte gesehen und Sinn erkannt, und das wichtigste Tatsächliche zu fernerer Orientierung auf allen Wissensgebieten sich eingeprägt, — sie haben so, unter Leitung und starker Beihilfe der Religion und des Religionsunterrichts den Begriff Menschheit sich erarbeitet, ihn aus einem unverstandenen Wort zu einer verstandenen Tatsache, zu einer Wahrheit gemacht: und sie haben durch alle diese Mittel und Kräfte auch ein Soll in ihre Seele gepflanzt, — eine Gesinnung oder die Keime einer Gesinnung, kraft deren sie sich sagen, daß auch ihr Leben einem Vaterlande, einer Nation, die vor jedem ihrer Glieder war und nach ihm sein wird, und durch diese Nation der Menschheit zugehörig und verpflichtet ist.

Anhang.

Vortrag, in Quarta.

(Die Schlacht bei Cannä ist in der voraufgehenden Stunde erzählt und das Charakteristische derselben wiederholt worden. Der Lehrer fährt fort:)

Ein römischer Staatsmann, der den Krieg und wahrscheinlich auch diesen Unglückstag von Cannä mitgemacht hat, M. Porcius Cato, erzählt uns als etwas, das zu seiner Zeit allgemein geglaubt wurde, daß am Tage nach dem ungeheuren Siege dem Hannibal von einem seiner Unterfeldherrn der Gedanke nahegelegt worden sei, sofort mit dem Heere gegen die Stadt Rom aufzubrechen, die er sicher im ersten Schrecken überraschen und so leicht würde einnehmen können: „in fünf Tagen", hätte Maharbal, der Führer der Reiterei, ihm gesagt, „wird dir das Mahl auf dem Kapitol gekocht sein". Hannibal hätte geantwortet, daß er den Vorschlag in Erwägung ziehen werde, einige Tage später, nachdem er die Siegesbeute und die Gefangenen geborgen, die Toten begraben hatte, sei er auf denselben selbst zurückgekommen: da habe der Reiteroberst geantwortet: „es ist zu spät, sie haben es in Rom schon erfahren".

Hannibal wird seine guten Gründe gehabt haben, warum er den Rat nicht befolgte, davon werdet ihr später hören: daß er Rom nicht durch einen Handstreich hätte nehmen können, so wenig als die Deutschen im Jahre 1870 nach der Schlacht bei Sedan die Stadt Paris durch einen Handstreich genommen haben, das geht aus dem hervor, was die alten Geschichtschreiber uns über die Haltung der regierenden Männer in Rom, als die Kunde von der Niederlage dorthin gelangt war, berichten.

Allerdings der erste Eindruck war so, daß er alles zu lähmen schien. Wir haben schon gehört, daß unter den aus der Schlacht Entkommenen, die in Canusium eine kurze Rast gefunden hatten — eine patriotische Frau, Busa mit Namen, reichte ihnen hier die erste Erquickung, — die Verzweiflung so groß war, daß einige der jüngeren Offiziere auf den Gedanken kamen, ob sie nicht, da die Sache Roms doch verloren sei, übers Meer zu irgend einem der Könige entfliehen sollten; doch liest man mit Freude, daß ein damals noch ganz junger Mann aus dem römischen Adel, P. Cornelius Scipio, den rechten römischen und patriotischen Geist gezeigt habe — je schwerer das Unglück ist, desto treuer muß man zu seinem

Lande stehen: mit gezogenem Schwert sei er vor die Verirrten getreten, und habe von ihnen den Eid verlangt, den er als der erste selber geleistet — die öffentliche Sache nicht zu verlassen und nicht zu dulden, daß ein anderer sie verlasse. Ähnlich geschah es auch in Rom, als die Unglücksbotschaft ihren Weg dorthin gefunden hatte. Kein alter Schriftsteller will den ersten Eindruck schildern: man kann ihn sich selber ausdenken: alles sei verloren, beide Konsuln gefallen, vom ganzen Heere niemand übrig geblieben, und daß die Aufregung und der Schrecken nur neue Nahrung erhielt durch die furchtbaren Einzelheiten, die man nach und nach erfuhr, läßt sich wohl ermessen. Fast jedes Haus hatte einen Toten zu beweinen und noch peinlicher war die Ungewißheit, in der die meisten schwebten, was aus den Ihrigen geworden sei, und so überließ sich die Menge, die Frauen namentlich, widerstandslos dem Schmerz und der Furcht. Allein hier in Rom gab es eine Körperschaft, die das Regieren verstand, — das Ruder zu führen auch im schwersten Sturme: das war der Senat, den die beiden in Rom zurückgebliebenen Prätoren nicht zögerten alsbald nach der Hostilischen Kurie zu entbieten.

Wir wissen, wie der Senat zusammengesetzt war: er ergänzte sich immer durch die Männer, welche die Quästur, schon ein hohes und verantwortungsvolles Staatsamt, bekleidet hatten und die dann, wenn nicht die Zensoren einen Makel an ihnen entdeckt hatten, dem Senate lebenslänglich angehörten: es war also eine Versammlung von solchen, welche das Volk durch sein Vertrauen zu ihrem Amt berufen, gewählt hatte und die dann doch für immer von seiner Laune unabhängig waren, eine Versammlung von Beamten und Häuptern der alten Familien, die mit Ruhe und Sachkenntnis zu beratschlagen gewohnt war, und die zugleich, wo es, wie jetzt, zu handeln galt, zu ordnen, zu leiten, zu kommandieren verstanden. Rasch wurde angeordnet, was nötig war: Ruhe in der Stadt hergestellt, die laute Trauer verboten, Streifwachen ausgesandt, um Nachrichten einzuholen und zu sorgen, daß diese zuerst, um nicht die Aufregung zu steigern, an die Prätoren gelangten: die Tore wurden militärisch besetzt, niemand durfte die Stadt verlassen. Ein Schreiben des Konsuls Terentius lief ein, welches die ganze Größe des Unglücks enthüllte, auch noch von anderen Seiten, aus Cisalpinien, aus Sizilien kamen Unglücksbotschaften; schon aber hatte man sich soweit gefaßt, um die notwendigsten militärischen Maßregeln zum Schutze der Stadt zu treffen; wozu man nach alter Weise einen Diktator ernannte. Auch die religiösen Pflichten versäumte man nicht: sehr ernsthaft forschte man nach, wie man am besten den Zorn der Götter abwenden könne, der sich in diesen gehäuften Unglücksfällen zeige und selbst nach Delphi, an die alte Orakelstätte, soll man zu diesem Zwecke geschickt haben. Auch dem wüsten Aberglauben der aufgeregten Menge mußte ein Opfer gebracht werden: auf dem Rindermarkt wurde, irgend einem Orakelspruch zufolge, ein gallischer Mann und ein gallisches Weib, ein griechischer Mann und ein griechisches Weib lebendig begraben. Das Wichtigste war, daß man der Zerrüttung in den regierenden Kreisen, die nicht am wenigsten die seitherigen Niederlagen verschuldet hatte, ein Ziel setzte. Es war Hader zwischen einer Senats- und einer Volkspartei, wie sich

dies ja durch die ganze römische Geschichte zieht: Terentius Varro, der
das Unheil verschuldet hatte, gehörte der Volkspartei an, wie wir uns
erinnern. Gegen den Rat des andern Konsuls, des Ämilius Paulus, gegen
den Sinn des alten Fabius hatte er sich kopflos in den Kampf gestürzt,
der nun zu einer so fürchterlichen Katastrophe geführt hatte; es wäre
begreiflich gewesen, wenn der Unwille vor allem gegen ihn sich gerichtet
und das empörte Gefühl Rache an ihm gesucht hätte. Aber der Senat
war weiser. Es durfte in diesem Augenblick keine Parteien im Staate
geben und so gewann es der Senat über sich, dem überlebenden Konsul
Varro, als er mit den inzwischen gesammelten Heerestrümmern in die
Nähe der Hauptstadt kam, entgegenzugehen und ihn zu beglückwünschen,
daß er am Heil des Staates nicht verzweifle. Vom Kommando allerdings
wußte man ihn auf anständige Weise zu entfernen.

Gegen einen Handstreich war also Rom, an sich eine starke Festung,
schon wenige Tage nach der Niederlage vollkommen gesichert. Auch beabsichtigte Hannibal, der seinen Gegner wohl kannte und ihn wie seine
eigenen Kräfte richtig schätzte, keinen solchen. Es wäre ihm, der, wie
alle großen Männer, nicht den Krieg um des Krieges willen führte, ganz
willkommen gewesen, mit Rom einen billigen Frieden zu schließen, der
dem drückenden Übergewicht der Römer ein Ziel gesetzt und seiner eigenen
Vaterstadt das in dem letzten Menschenalter Verlorene wiedergebracht
hätte. Er ließ diesmal auch die römischen Bürger aus den Gefangenen
vor sich kommen und redete mild mit ihnen, setzte ihnen auseinander,
daß es ihm nicht um einen Krieg bis aufs Messer zu tun sei, bestimmte
einen Auslösungspreis und gestattete ihnen, zehn Delegierte zu wählen, um
die Sache in Rom zu betreiben. Denen gab er einen vornehmen Karthager
seines Vertrauens namens Karthalo mit, der Auftrag hatte, die Bedingungen zu nennen, unter denen Hannibal Friede zu schließen bereit sei.

Karthalo selbst wurde in Rom gar nicht zugelassen, — die Delegierten aber durften dorthin kommen und ihre Sache vor dem Senat führen.
Ihr Sprecher, dem der Geschichtschreiber Livius eine bewegliche Rede,
die ihr später selbst lesen werdet, in den Mund legt, unterließ nichts,
was die Herzen der Väter zur Milde stimmen konnte, und vor der Kurie
hatte sich eine zahlreiche Menge versammelt, die mit lauten Klagen und
Bitten den Wunsch kund gab, daß der Senat den Loskauf ihrer Söhne
oder Väter oder Brüder aus einer harten Gefangenschaft genehmigen
möchte. In der Tat schwankte man im Senat einen Augenblick — wie
zwei Menschenalter früher — wer weiß bei welcher Gelegenheit? — Aber
auch diesmal fand sich ein Mann wie damals Appius Claudius, der dem
Senat deutlich machte, was das römische Volk sich selber schulde, daß von
Friede und Nachgiebigkeit keine Rede sei, solange der Feind auf italischem Boden stehe, — T. Manlius Torquatus, ein Nachkomme jenes Manlius Torquatus, der einst in einer ernsten Stunde des Latinerkriegs den
eigenen Sohn der Strenge des römischen Kriegsgesetzes zum Opfer gebracht hatte. Er widersprach: und der Senat von Rom erhob sich zu
einem Entschluß, der, furchtbar hart wie er war, doch der schweren
Krisis, in der ihr Staat sich befand, entsprach: er verweigerte den Los-

kauf, von Friede war keine Rede: die Delegierten kehrten zurück und ohne Murren unterwarf sich das Volk von Rom dem heroischen Entschlusse seiner Regierung. So handelt in schwerer Zeit ein tapferes Volk und eine mannhafte Regierung: mit Recht sagt Livius, daß dieser Krieg der denkwürdigste aller seitherigen sei, es war der Kampf eines großen Feldherrn und Führers mit einem großen Volke.

Untertertia.

(Wir wählen hier, um zu zeigen, wie wir uns den erzählenden Vortrag des Lehrers denken, die nicht leicht zu behandelnde Partie des Zusammenstoßes von König und Papst, Heinrichs IV. und Gregors VII.)

Im Oktober des Jahres 1075 war der so gefährliche Aufstand in Sachsen völlig niedergeworfen und auch Papst Gregor hatte den König zu diesem seinem Siege beglückwünscht. Es waren Meinungsverschiedenheiten und Verhandlungen zwischen beiden, aber zu einem Bruch war es noch nicht gekommen. Der Papst ging aber jetzt, nachdem er die ersten Schwierigkeiten überwunden hatte, mit der seinem Charakter eigentümlichen rücksichtslosen Kühnheit im Sinne der strengen kirchlichen Ideen, die man nach dem aquitanischen Kloster, in dem Gregor selbst eine Zeitlang gelebt hatte, als cluniacensische bezeichnet, vor: zunächst gegen die Ehe der Priester und gegen das, was man mit dem Namen des in der Apostelgeschichte erwähnten Simon als Simonie bezeichnete: dieser Simon hatte den Aposteln Petrus und Johannes in Samaria Geld angeboten, damit auch er durch Handauflegung die Gabe des heiligen Geistes mitteilen könne. Gregor und die strengkirchliche Partei bezeichnete es und verdammte es als solche „Simonie" und als schwere Sünde, wenn ein Geistlicher ein geistliches Amt durch einen Weltlichen sich übertragen lasse, und wenn ein Laie es wage, eine solche Übertragung vorzunehmen.

Nun war dieses und jenes damals sehr gewöhnlich: Gregor aber bedrohte im Februar jenes Jahres einige Räte des Königs, weil sie sich solcher Simonie schuldig gemacht hätten, mit der Exkommunikation. Er war ganz von dem Gedanken durchdrungen, daß überall dem Geistlichen die Herrschaft über das Weltliche, also auch dem Priestertum die Herrschaft über Fürsten- und Königtum zukomme, und dabei stieß er, wie natürlich, mit der wirklichen Welt hart zusammen und machte sich viele Feinde. Namentlich unter der deutschen Geistlichkeit, der hohen und niederen, die seine rücksichtslose Energie erschreckte, hatte er viele Gegner: ebenso in der Lombardei, man wußte, daß er auch in Rom selbst eine starke Partei gegen sich hatte, die ihn sogar einmal in der Weihnacht 1075 überfiel und mißhandelte. Deshalb glaubte Heinrich — er war jetzt 25 Jahre alt — leicht die alten königlichen Rechte gegen ihn behaupten zu können und nahm die Drohung nicht sehr ernst. Allein Gregor kannte die Schwierigkeit der Lage des Königs besser und er war nicht der Mann bloß zu drohen, es war ihm Ernst mit jenem Anspruch, den wir jetzt allerdings für anmaßlich und unchristlich halten und mit dem Gebot des Herrn Gott was Gottes und dem Kaiser was des Kaisers ist zu geben, nicht vereinigen können: die Räte wurden nun wirklich exkommuniziert und päpstliche

Gesandte kamen an das königliche Hoflager, mit der Aufforderung, daß der König sich von den Gebannten trenne, auch seinen Wandel, welcher der Kirche Ärgernis gebe, ändere, widrigenfalls er selbst exkommuniziert werden würde. Der König, in begreiflichem Zorn, entbot alsbald die Bischöfe und hohen Geistlichen seines Reichs zu einer Synode nach Worms und hier wurde die Absetzung Gregors ausgesprochen: auf einer Synode zu Piacenza traten die lombardischen Bischöfe diesem Beschlusse bei, und Gesandte Heinrichs erschienen im Februar 1076 zu Rom, um hier vor einer im Lateran versammelten Synode die Absetzung mitzuteilen und durchzuführen. Hier aber war man unbedingt für Gregor und dieser konnte also den Gegenschlag führen, der durch die ganze Welt widerhallte. Mit großer Feierlichkeit sprach er über den ersten Fürsten der Christenheit den Bann wirklich aus und schloß mit dem gewaltigen Schriftwort, auf das die römische Kirche ihre Herrschaftsansprüche gründet: Ev. Matth. 16, 18: „Du bist Petrus und auf diesen Fels will ich meine Gemeinde gründen und die Pforten der Hölle sollen sie nicht überwältigen".

Gregor konnte diesen kühnen Schritt wagen, weil die Folgerichtigkeit, mit der er die schroffsten und strengsten Ideen verfocht, weithin dem Volke imponierte und den in jener Zeit vorwaltenden Empfindungen entsprach, und weil Heinrich die meisten deutschen Fürsten zu Gegnern hatte, die ihm Plane maßloser Ausdehnung seiner königlichen Gewalt zuschrieben und ihn dabei fürchteten, weil er ein Mann von nicht gewöhnlichen Fähigkeiten war. Sie verständigten sich, und Otto von Nordheim, der bedeutendste von den Großen Deutschlands, trat wieder als Gegner des Königs auf, in dessen Vertrauen er eine Zeitlang hoch gestanden hatte. Sie traten in Verbindung mit dem Papst Gregor, der ihnen zu dem Ziel der Absetzung des Königs, das sie nicht sofort und auf geradem Wege erreichen konnten, behilflich sein sollte. Zu Tribur, im heutigen Großherzogtum Hessen, versammelten sie sich, und da der König zu schwach und auch zu klug war, Gewalt brauchen zu wollen, so kam zunächst eine Art Vermittlung zu stande, die aber nicht ernstlich gemeint war und die feindselige Stimmung und Absicht der Fürsten nur schlecht verhüllte. Sie setzten ihrem König einen kurzen Termin, 22. Februar des folgendes Jahres, bis zu dem er sich vom Kirchenbann gelöst haben müsse, bis dahin solle er sich jeder Regierungshandlung enthalten, auch nicht die Abzeichen der königlichen Gewalt tragen: im Februar sollte dann in Augsburg ein Fürstentag zusammentreten, zu dem auch der Papst erscheinen würde, der dann die Entscheidung treffen werde: ein schmachvoller Beschluß, mit dem sie der weltlichen Gewalt und also auch der ihrigen den Todesstoß gegeben hätten. Überdies war er gar nicht ehrlich und ernstlich gemeint: sie glaubten und hatten ein Recht dies vorauszusetzen, daß der König die Lösung vom Banne durch den Papst nicht erreichen werde. In der Tat schickte dieser sich schon zur Reise nach Deutschland an, wo ihm zu Augsburg das Ziel winkte, nach dem er trachtete, Schiedsrichter über alle Gewalten der Erde zu sein; den Wunsch Heinrichs, selbst die Absolution in Rom nachzusuchen, hatte er barsch abgewiesen; da erfuhr er plötzlich, daß Heinrich auf dem Wege nach Italien sei.

Das war in der Tat der Fall, diesen Entschluß hatte der König gefaßt, aber in ganz anderer Weise, als Gregor dachte. Dieser glaubte, Heinrich wolle die Lösung vom Banne mit Gewalt erzwingen. Der 27jährige König aber war klüger: er durchschaute seine Lage, daß er durch die Vereinigung der gedoppelten Feindschaft, der Fürsten und des Papstes, erdrückt werden würde, und er durchschaute auch, daß beide darauf ausgingen, ihm die Lösung vom Bann unmöglich zu machen: erfüllte er aber diese Bedingung der Lösung vom Banne nicht, so war er in ihre Hand gegeben. Diesen Vorwand mußte er ihnen entziehen. Mit klugem und raschem Entschlusse entschied er sich, die Lösung vom Banne vom Papste zu erzwingen, aber nicht durch Waffengewalt, sondern durch moralische Nötigung, indem er der Kirche Genugtuung leiste durch einen augenfälligen Akt kirchlicher Buße. Er verließ Speier, wo er zuletzt gelebt hatte und ging mit geringem Gefolge, in Begleitung seiner von ihm lange verkannten und unwürdig behandelten Gemahlin in tiefem Winter über den Mont Cenis. Jener Winter wird als ungewöhnlich kalt geschildert, wie denn der Rhein lange Zeit, bis in den März 1077 hinein, festgefroren war, und die Reise war überaus mühselig, denn damals gab es noch keine Eisenbahnen über die Alpenpässe und keine Durchstiche. In Italien angelangt, machte er von den Anerbietungen der lombardischen Mißvergnügten, denen Gregor aufs äußerste verhaßt war, keinen Gebrauch, sondern eilte, den Papst aufzusuchen, der sich — denn auch er hatte nicht anders gedacht, als daß der deutsche König mit kriegerischer Absicht komme, — nach einem Schlosse der getreuesten Dienerin des heiligen Petrus — das hieß der Kirche und ihres Oberhaupts, — Mathilde Markgräfin von Tuscien, nach Canossa begeben hatte. Hier vor dem einsamen tuskischen Bergschloß erschien der König Heinrich, mit wenigen Begleitern, in der gewöhnlichen Tracht der Büßenden, in härenem Rocke und barfuß. Der Einlaß ward ihm verweigert; auch am zweiten Tage, wo er wieder erschien und den ganzen Tag zwischen der äußeren und der inneren Ringmauer zubrachte. Drinnen aber ward wichtige Überlegung gepflogen und ein Entschluß mußte gefaßt werden. Die Lage war für den Papst ebenso klar, wie sie für ihn peinlich war: löste er den König vom Banne, so brach er das Abkommen mit seinen seitherigen Verbündeten, den deutschen Fürsten, Heinrich hatte ein Recht, wieder als König aufzutreten, und jene Augsburger Versammlung hatte keinen rechten Gegenstand und Zweck mehr. Löste er ihn nicht, so setzte er sich in Widerspruch mit seinem priesterlichen Charakter, ja er beging einen Frevel, indem er einem zu bußfertiger Genugtuung bereiten Sünder, einem Könige, einem jungen Manne, der ausreichenden Beweis der Reue gab, über die Alpen mitten im Winter gekommen war, um der Kirche genugzutun, den Frieden mit Gott, den er suchte, versagte. Er konnte ihn nicht versagen: das scheinen ihm auch die Markgräfin Mathilde und der Abt Hugo vom Kloster Clugny, die bei ihm waren, klar gemacht zu haben: genug: am dritten Tage öffnete sich das Tor der inneren Mauer, und die Lossprechung vom Banne durch den Papst erfolgte nunmehr, wie es scheint, ohne weitere Schwierigkeit. Der Papst legte allerdings dem König allerlei harte Bedingungen auf, die aber nichts an der großen und entscheidenden Tatsache änderten: die Exkommunikation war aufgehoben, Heinrich in die Gemeinschaft der Kirche wieder aufgenommen: er war mithin berechtigt, wieder als König aufzutreten.

Vielfach redet man davon, daß dieser Auftritt, König Heinrich in Canossa, eine große Schmach und eine tiefe Demütigung des deutschen Königtums gewesen sei. Das ist aber nicht richtig. Heinrich tat Kirchenbuße in den gewöhnlichen Formen, wie einst der große Kaiser Theodosius in Mailand nach dem Gebot des Bischofs Ambrosius Kirchenbuße getan hatte; er tat, was jeder Christ, der sich einer Schuld bewußt war, zu tun pflegte, zu tun gehalten war: darin lag nicht das Mindeste, was seiner königlichen Ehre geschadet hätte oder seiner unwürdig gewesen wäre. Er tat Buße vor dem obersten Haupt der Kirche, — er der König vor ihrem ersten Bischof, und vor der Kirche und vor Gott und seinem Priester, nicht vor Gregor demütigte er sich. Der Besiegte war vielmehr dieser, Gregor: er hatte tun müssen, was er nicht gewollt hatte und was nicht zu tun er den deutschen Fürsten entweder ausdrücklich oder stillschweigend versprochen hatte. Dem König Heinrich aber müssen wir es vielmehr zum Verdienst anrechnen, daß er, indem er die Absolution erzwang, den schmachvollen Plan der feindseligen Fürsten zerstörte, die in ihrem Haß den Papst einluden und geradezu ermächtigten, über die deutsche Krone zu verfügen. Dem Reiche wie der Kirche, dem weltlichen wie dem geistlichen Regiment wäre dadurch ein schwerer Schaden erwachsen, eine unheilbare Wunde geschlagen worden.

Die Lage Heinrichs besserte sich sofort: die Verbindung des Papstes mit den deutschen Fürsten lockerte sich und wurde unwirksam: wie ein Donnerschlag, so drückt ein gleichzeitiger Erzähler sich aus, sei die Nachricht von der Lösung vom Banne auf die Fürsten gefallen.

Nachdem dies erzählt, muß die übrige Geschichte Heinrichs kurz und übersichtlich vorgeführt werden: wir merken uns den Gang, sagt man den Schülern, in folgenden Hauptpunkten:

1. Die Heinrich feindlichen Fürsten wählten, nunmehr ohne Mitwirkung des Papstes, März 1077 zu Forchheim einen Gegenkönig, Herzog Rudolf von Schwaben, und damit war der Krieg gegeben: erst 1080 erklärte auch Papst Gregor sich unzweideutig für Rudolf, der aber in eben diesem Jahr in der Schlacht bei Hohenmölsen (Elster) fiel.

2. Ein zweiter Gegenkönig, Hermann von Luxemburg, gewann keine große Bedeutung. Heinrich, seit 1081 in Italien, konnte einen Gegenpapst, Clemens III., aufstellen, der ihn 1084 im Lateran als römischen Imperator krönte.

3. Gregor, in der Engelsburg, ruft die Normannen, die ihn befreien, Rom greulich mißhandeln, mit ihm abziehen: in ihrem Bereich, zu Salernum 1085, stirbt er. Der Bürger- oder Parteienkrieg in Deutschland wie in Italien dauerte fort.

4. Heinrich, 1084 zurückgekehrt, hat 1093 nochmals einen Aufstand zu bekämpfen, an dessen Spitze sein Sohn Konrad steht.

5. Er erlebte dann noch einige verhältnismäßig friedliche Jahre, die Bewegung der Kreuzzüge begann und förderte den Gedanken des Friedens unter den Christen selbst;

6. 1103 aber neue Fürstenverschwörung, und Verrat seines Sohnes König Heinrich, der den Kaiser mit List in seine Gewalt bringt, mißhandelt, zur Abdankung zwingt;

7. der Krieg erneuert sich, der Kaiser erscheint nochmals im Feld, stirbt aber 1106; —

wobei dem Lehrer überlassen ist, ein und das andere Moment etwas näher auszuführen. Wir wollten nur eine Probe der doppelten Art des Vortrags — des erzählenden und des bloß punktierenden, gleichsam geschäftlich referierenden, geben.

Obertertia.

Für diese Klasse wollen wir nur ein und das andere Motiv, Leitmotiv, für eine größere, je nachdem ein- oder zweistündige Repetition geben: das man der Klasse vorher angibt, damit der Schüler den betreffenden Abschnitt des Lehrbuchs unter jenem Gesichtspunkt durchlese, und so die ersten Schritte mache in dem, was man angewandte Geschichtskunde nennen könnte. Fühlt der Lehrer, — es sei derselbe, der mit dieser Klasse die mittelalterliche Geschichte III$^{Inf.}$ durchgearbeitet hat — das Bedürfnis eines repetitorischen Rückblicks auf die mittelalterliche Geschichte, so empfiehlt sich, wenn er die Schwelle der neueren Geschichte, die Tat des Augustinermönchs Luther, überschritten hat, diese Repetition, die aber nicht allzuweit ausgesponnen werden darf, in die Form einer Betrachtung einer der am meisten charakteristischen Erscheinungen des Mittelalters, des Mönchtums, zu kleiden: Ursprünge wo? — Mönchtum im Abendland: Benediktiner 529, Cluniacenser, Clugny 910, Cistercienzer und Prämonstratenser — Ritterorden — Bettelorden, zu kleiden, wobei ein geschickter, auch ein mäßig geschickter Lehrer Fragen, welche die allgemeinen Charakterzüge oder besser die bedeutendsten Persönlichkeiten um 1096, 1190, 1216, 1226 betreffen, in beliebiger Ausdehnung anschließen kann. Er muß aber, da die Repetition frei, ohne Manuskript und ohne Notizen geschehen muß, einen solchen Faden in der Hand resp. im Kopfe haben, der ihn von Station zu Station leitet, weil man sich sonst gar zu leicht in das Stoffliche verstrickt.

Ist die Periode, 1517—1555 etwa, mit Vortrag und Repetition von Stunde zu Stunde erledigt, so werden die angeeigneten Kenntnisse geprüft, vertieft, befestigt durch eine Gesamtrepetition unter dem Gesichtspunkt der Geschichte einer oder zweier Territorien — Sachsens. z. B. oder Brandenburgs — zweier regierenden Häuser, der Wettiner und der Hohenzollern. Welche Landschaften umfaßt der Name? Stellung des Hauses zur Reformationsbewegung? der einzelnen Regenten? — Dies liefert ungezwungen beliebig viele und nicht unfruchtbare Fragen.

Ebenso noch 1555—1618: Sachsen — herzogliches und Kursachsen: Universitäten Jena, Wittenberg und ihre Bedeutung; Übertritt Johann Sigismunds von Brandenburg zur calvinistischen Form des Protestantismus 1613; dann aber bemühe man sich, gerade für diese Zeit den Zusammenhang der deutschen Geschichte mit der gesamteuropäischen in seinen wichtigsten Daten einzuprägen. Man könnte dies in folgender Weise tun:

erst nenne man die **Hauptzahlen** 1556 (1558), 1571, 1572, 1579 oder 1581, 1588, 1589, 1603, 1608, 1609, 1610, 1618, und lasse dann zu den einzelnen die betreffenden Ereignisse: Thronbesteigung Philipps II. in Spanien; Elisabeths Thronbesteigung und Sieg der Reformation in England; Schlacht bei Lepanto; Pariser Bluthochzeit; Schöpfung des neuen Staats der Vereinigten Niederlande; Untergang der Armada; Thronbesteigung Heinrich IV. in Frankreich; Haus Stuart in England; evangelische Union; Liga; jülich-clevischer Erbfolgestreit und Tod Heinrichs IV. von Frankreich; Vorgang in Prag und Beginn des 30jährigen Kriegs — von den Schülern finden und knapp angeben;

hierauf nenne der Lehrer in derselben Reihenfolge die **Ereignisse** und lasse sich zu jedem die Zahl von den nacheinander aufgerufenen Schülern sagen.

Der Abschnitt vom 30jährigen Kriege, 1618—1648, läßt sich bequem in einer Stunde repetieren, so zwar, daß man zugleich die Territorialverhältnisse des Erdteils; wie sie durch den Frieden sich gestaltet haben, genau einprägt: um den Gang des Kampfes selbst dem Schüler klar und behältlich zu machen, genügen wenige Zahlen und Namen 1618, 1620 Schlacht am weißen Berg, 1629 Restitutionsedikt, 1630 Wallensteins Absetzung und Landung Gustav Adolfs, 1632 Lützen, 1635 Prager Frieden, 1640 Regensburger Reichstag und 1648 Frieden: nützlich wird auch sein, die successiven Kriegsschauplätze nennen zu lassen.

Von den drei Abschnitten der zweiten Hauptperiode neuerer Geschichte kommen auf Obertertia nur die zwei ersten 1648—1700, 1700 bis 1740 zur Behandlung: für die Gesamtrepetition des ersten würden wir folgende Leitmotive empfehlen (es gibt natürlich auch viele andere):

1. Die wichtigsten Friedensschlüsse (1648) 1659, 1668, 1679, 1697 (1699): wobei man sich den kleinlich erscheinenden, doch für den erfahrenen Lehrer nicht zu verachtenden Vorteil nicht entgehen lasse, daß diese Zahlen leicht zu merken sind, 48, 68, 59, 79, 97: auch kann man hier, was nicht im mindesten gleichgültig ist, den toten Zahlen einiges Leben einhauchen, indem man abzählen läßt, wieviel Jahre zwischen jedem neuen Frieden liegen.

2. Große und bedeutende Persönlichkeiten dieser Epoche, Ludwig XIV., Wilhelm von Oranien, Peter der Große u. s. w.

3. Mißerfolge und Erfolge Deutschlands:
a) das Reich — welche Verluste?
b) die habsburgische Monarchie — 1683, 1697, 1699,
c) die Erhebung des preußischen Staats.

Den zweiten dieser Abschnitte, 1700—1740, kann man so repetieren, daß man sich die wichtigsten Regenten mit ihren Jahreszahlen und nach Ländern geordnet sagen läßt, und zum Schluß die Territorialverhältnisse, wie sie im Jahre 1740 waren, veranschaulicht.

Untersekunda.

Für diese Klasse möchte ich das Fragment einer Skizzierung des Zustands oder der Zustände im Deutschen Reich geben, die man entweder am Anfang des Jahreskurses als Einleitung zur Geschichte Deutschlands in den jüngsten $1^{1}/_{2}$ Jahrhunderten, wie oben vorausgesetzt, oder, was sich vielleicht mehr empfiehlt, am Schluß der zweiten Hauptperiode neuerer Geschichte (1648—1789) als Einleitung für deren letzten Teil (1789 bis 1815) geben kann. Hier ist das letztere angenommen: meine Quelle ist das vortreffliche Buch von Biedermann, Deutschland im 18. Jahrhundert, Band I. (Leipzig 1854.)

Das Deutsche Reich zählt gegenwärtig 56 Millionen Menschen auf einem Landgebiet von 540000 Quadratkilometern in 26 Staaten, von denen der größte, Preußen, 348000 Quadratkilometer und 32 Millionen Seelen, der kleinste, Stadt Lübeck, 297 Quadratkilometer und 75000 Seelen umfaßt: in allen diesen Staaten, mit Ausnahme der drei republikanisch verwalteten Städte, besteht eine Erbmonarchie, der Fürst aber teilt die gesetzgebende Gewalt mit einer gewählten Volksvertretung und die Rechte aller Staatsbürger sind durch eine geschriebene Verfassung, ein Staatsgrundgesetz geschützt: Verwaltung, Kriegsdienst, Finanzen, Rechtspflege, Unterricht sind durch Gesetze geordnet, und innerhalb dieser Gesetze kann jeder Deutsche seine Meinungen frei äußern: das Religionsbekenntnis macht keinen Unterschied mehr hinsichtlich des Genusses der Rechte, die jedem Staatsbürger zustehen.

Wir wollen nun versuchen, uns einige Züge des Bildes zu vergegenwärtigen, das unser Vaterland vor $1^{1}/_{2}$ Jahrhunderten, in der zweiten Hälfte des 18. Jahrhunderts dargeboten hat.

Auf 12000 Quadratmeilen — das sind etwa 3000 mehr als heute das Deutsche Reich umfaßt — lebten um die Mitte des vorigen Jahrhunderts ungefähr 26—30 Millionen Menschen. In zehn Kreisen, wie seit 1510, war eine sehr buntscheckige Menge von großen, mittleren, kleinen und kleinsten Territorien — Staatswesen — verteilt. Solcher Territorialstaaten unter 120 Quadratmeilen zählte das Deutsche oder richtiger Römische Reich etwa 80, zu denen man noch etwa 30 Herrschaften und 1400—1600 ritterschaftliche Güter zählen muß. Sie alle hatten die Macht oder das Recht, durch Zölle, Handelsverbote, Gewerbsmonopole ihre Nachbarn ebenso wie ihre eigenen Untertanen oder das Reich im ganzen zu schädigen und das widrige Symbol der souveränen Gewalt, der Galgen, fehlte auch dem kleinsten Territorium nicht.

Der Kaiser bedeutete sehr wenig. Einmal, bei seiner Krönung zu Frankfurt a. M., betrat er wie bei einem Theaterstück mit großen Pomp die Bühne. Da wurden die uns wohlbekannten Erzämter ausgeübt, 44 regierende Grafen trugen beim Krönungsmahle die Speisen: wir haben im Lesebuch früher die unvergleichliche Schilderung Goethes gelesen, die sich auf die Wahl und Krönung des Erzherzogs Joseph, späteren Kaisers Joseph II. zum Römischen König im Jahre 1764 bezieht. Er unterzeichnete dann die Wahlkapitulation, deren wesentlicher Sinn doch der war, daß die Einzelstaaten, die Territorien, alles, und er nichts zu bedeuten habe. Nicht nach außen: denn die Fürsten und Stände hatten das Recht, Bündnisse unter sich und mit dem Auslande zu schließen; nicht nach innen: denn die Privilegien der Stände, die er beschwören mußte, umfaßten eigentlich die volle Landeshoheit, und er mußte auch noch ausdrücklich den Gedanken, die Würde in seinem Hause erblich zu machen, abschwören. Dann trat er in den Genuß seiner Gerechtsame und man kann sie schon nach den Einkünften abschätzen welche der Kaiser vom Reiche bezog, sie beliefen sich auf 14000 fl. jährlich.

Und doch war die Person des Kaisers der einzige Einheitspunkt im Reich: der Reichstag, der in Regensburg beisammen saß, war es nicht. Vielleicht, in unbedeutenden Angelegenheiten, mochte es gelingen, die drei Kammern in die er zerfiel, Kurfürstenkollegium, Fürstenkollegium, Kollegium der Reichsstädte und den Kaiser unter Einen Hut zu bringen, in wichtigen aber nicht: und hier war namentlich bedenklich, daß, wo es sich um Religionsfragen handelte, nicht nach Mehrheit entschieden wurde, sondern der Reichstag in zwei Korporationen, das *Corpus Evangelicorum* und das *Corpus Catholicorum*, auseinandertrat, wobei dann keine Entscheidung, sondern höchstens vielleicht nach langem Verhandeln eine Verständigung möglich war: und jede wichtige Angelegenheit konnte schließlich zu einer Religionsangelegenheit gemacht werden. Solche Angelegenheiten, auch die in keinem Zusammenhang mit der Religion standen, befanden sich dann jahrzehntelang auf dem „Reichsansagezettel": kamen sie endlich glücklich an die Reihe, so wurden sie zunächst einer vorbereitenden Kommission übergeben: die Debatte begann: nun erhoben sich die Einsprüche, die Rechtsverwahrungen, die Wenn und Aber, die Insofern als und Sintemal u. s. w. von allen Seiten und der Abstimmungen, der protokollarischen Niederschriften, Diktate, Proteste, neuen Abstimmungen, Protokolle und Klauseln war kein Ende. War aber auch endlich glücklich ein Beschluß zu stande gekommen, so fehlten die ausführenden Organe, besonders aber fehlte das Geld, bei dem man ganz auf den meist nicht vorhandenen guten Willen der einzelnen Staaten angewiesen war. Ein Beispiel, das sich durch das ganze Jahrhundert hinzieht: im Frieden von Ryswick 1697 wurden Kehl und Philippsburg dem Reiche zurückgegeben und der Reichstag beschloß diese letztere Festung im Stand zu halten oder instandzusetzen: die nötigen Gelder — „Römermonate" wie der seltsame Ausdruck lautete — wurden bewilligt, waren aber 70 Jahre später noch nicht eingezahlt, darauf wurden 1714 die Anträge auf Instandhaltung wiederholt, ein Reichsgutachten erfolgte 1716, die kläglichen Bitten unbezahlter Arbeiter wurden ruhig zu den Akten gelegt, und die Angelegenheit ruhte bis 1753, wo beschlossen wurde, daß alle Ausbesserungen, welche Kosten verursachten, bis auf weiteres unterbleiben sollten: und dieser Beschluß allerdings wurde pünktlich befolgt. Schließlich wurden die Plätze dem Markgrafen von Baden überlassen, und im Jahre 1782 zogen die lezten fünfzehn Mann kaiserlicher Besatzung ab. Wie es mit dem Heerwesen stand, haben wir bei der Aktion von Roßbach erfahren: jene Kompagnie, in welcher der Hauptmann von einem Reichsgrafen, der erste Leutnant von einer Reichsstadt, der zweite von einer gefürsteten Äbtissin ernannt war, ist nur ein Beispiel, und noch lange nicht das grellste von dieser merkwürdigen Heeresverfassung: bezeichnend ist namentlich die strenge Parität, wie man das jetzt nennt, — in der Reichsgeneralität mußten es genau gleich viele katholische wie evangelische Feldmarschälle und Generale der Kavallerie sein. Wo man hinblickt, zeigt sich das gleiche Bild eines gänzlich gelähmten Mechanismus. Noch erhielt sich einiges Bewußtsein von Einheit in der Nation, einiger Glaube an die höchste Autorität des Reichs auf Einem Gebiet, dem der Rechtspflege — es gab noch ein Reichskammergericht, das seit 1693 in Wetzlar seinen Sitz hatte, weil keine der größeren Reichsstädte es hatte haben wollen; und an Zuspruch fehlte es nicht: im Jahre 1772 zählte man nicht weniger als 61233 unerledigte Sachen. Aber der Gang war unendlich schleppend und die meisten Prozesse überlebten Kläger und Verklagten, Zeugen und Richter und Streitgegenstand. Es bestand daneben eine unmittelbar vom Kaiser bestellte Behörde zu Wien, der Reichshofrat, und dieser half auch dann und wann einem geschädigten Untertan zu seinem Recht, wo es sich um einen kleinen Potentaten, einen Fürsten von Reuß etwa handelte: die mächtigern kümmerten sich auch um einen Entscheid oder ein drohendes Einschreiten des Reichshofrats nichts.

So kam alles, in Gutem und Bösem, auf den guten oder üblen Willen des Landesherrn im Einzelstaate an. Denn in seinem Gebiete war dieser unbeschränkt, die früher so mächtigen Landstände hemmten ihn nirgends mehr, außer in einigen Territorien, wie z. B. im Herzogtum Württemberg, wo aber deshalb doch keine erfreulichen Zustände waren. Es ist die Periode des fürstlichen Absolutismus: zu Anfang derselben wirkte das Beispiel Ludwigs XIV. und überwiegend ungünstig, nach der Seite des leeren Scheins, hoffärtiger Pracht und gewissenloser Verschwendung, gegen Ende das Friedrichs des Großen und des von ihm angeregten Kaisers Joseph II., — und es ist auch viel Gutes durch diesen fürstlichen Absolutismus gewirkt worden. Der absolute Fürst regierte durch seine Beamten: diese waren aber dem Fürsten gegenüber rechtlos und wurden gerade von den kleinen als Bediente behandelt: Kaiser Joseph II. war der erste, der sie mit Sie anredete, beklagte sich aber bitter über ihren Mangel an Eingehen auf seine menschenfreundlichen und reformatorischen Ideen und über ihre Bestechlichkeit. Besser gelang es Friedrich II., dem seine Vorfahren und namentlich sein Vater in der Schaffung eines einsichtigen, fleißigen, gewissenhaften Beamtenstands vorgearbeitet hatten: er wußte ihnen das Staatsgefühl einzuhauchen und die süddeutschen Beamten sahen mit einem großen Respekt auf ihre norddeutschen Kollegen. In dieser süddeutschen Kleinstaatenwelt sah es in dieser Hinsicht vielfach sehr übel aus. Die Beamten, knechtisch nach oben, hielten sich schadlos durch ein hartes, barsches, bestechliches Regiment nach unten. Die Besoldungen waren kärglich und flossen überdies sehr unregelmäßig, arge Dinge kamen vor: ein Fürst von Öttingen z. B. borgte von seinem Rentmeister nach und nach bis zu 17 000 fl., und als dieser endlich devotest um Rückzahlung bat, erhielt er seinen Abschied, und erst ein Jahrhundert später wurde die Sache mit den Erben des Mannes auf 3000 fl. arrangiert.

Dergleichen ist heute undenkbar, schon weil der Geschädigte, oder mit Schädigung Bedrohte, noch ehe er nötig hat, vor Gericht zu gehen, bei unsrem hochentwickelten Zeitungswesen leicht die Öffentlichkeit zu Hilfe rufen kann. Diese, die Presse, oder wie man damals sagte, die Publizität, hatte noch keinen großen Umfang, etwa 30—40 periodische politische Blätter glaubt man in der zweiten Hälfte des 18. Jahrhunderts zählen zu können, wo es jetzt deren viele Tausende gibt: am wohltätigsten und einflußreichsten war in dieser Hinsicht der Briefwechsel des Göttinger Staatsrechtslehrers von Schlözer 1778—1782 und dessen Fortsetzung, die Staatsanzeigen 1783—1792: in der besten Zeit setzte er etwa 4000 Exemplare ab, und Schlözer wurde durch Korrespondenzen aus allen Ständen, selbst von regierenden Fürsten unterstützt: die Hefte lagen auf dem Arbeitstisch Joseph II. und auch von Maria Theresia noch hat man Äußerungen: „es könnte in den Schlözer kommen", „was wird Schlözer dazu sagen". Die führenden Herrscher, Friedrich II. und Joseph II., dachten großherzig in Beziehung auf die Freiheit der Presse. Jener hat 1741 mit seinem Antimacchiavell selbst in sehr wirksamer Weise die publizistische Bahn betreten, und Joseph bildete 1781 eine Zensurkommission aus aufgeklärten Männern, und solche aufgeklärte Zensoren waren allerdings hier nötig, wo es vorgekommen war, daß ein Zensor, der wahrscheinlich vom Naturalismus etwas gehört hatte, das harmloseste Buch, das je aus eines Menschen Feder geflossen war, Raffs Naturgeschichte für Kinder, aus dem wir Alten noch als Sextaner geschöpft haben, nicht passieren lassen wollte.

Mit Politik haben sich die Menschen vor der französischen Revolution noch nicht viel abgegeben. Noch waren die Folgen des 30jährigen und der folgenden Kriege nicht überwunden, und dabei war das Erwerbsleben, damit wir auch von diesem noch ein Wort sagen, noch vielfach und durch mancherlei Ursachen gehemmt — hier durch ein Übermaß der Feiertage, deren das Jahr in Bayern z. B. 100 zählte, dort durch Frondienste von mancherlei Art, wie denn gelegentlich Hunderte von Bauern aufgeboten wurden, um einen Deserteur einzufangen; an vielen Orten lasteten namentlich die Jagd- und Forstgesetze schwer auf der Bauerschaft: im Anspachschen z. B. war den Bauern das Halten von Hunden, der Besitz von Schießgewehren und selbst die Anwendung des Knüttels bei Zuchthausstrafe verboten und nicht einmal Umzäunung zum Schutze gegen das Wild gestattet. Als das traurigste und schmählichste Zeichen des Gesamtzustandes unseres Vaterlandes hat man immer und mit Recht den Soldatenhandel angesehen, den einige Landesherrn bei Gelegenheit des Kriegs der Engländer mit ihren abgefallenen nordamerikanischen Kolonien trieben: man kennt die Zahlen: von 1777—1782 sind für englische Rechnung außer Landes gegangen 29160 Mann, davon sind umgekommen 11853 — von jenen hat Hessen-Kassel 16992, also 4,55 % seiner Bevölkerung, gestellt — und für jedes zum Krüppel geschossene Landeskind mußte nicht etwa dem Invaliden eine Pension, sondern eine besondere Entschädigung in die Landeskasse gezahlt werden. Das tat der Landesherr, wie es im Eingange des Vertrags heißt: „zur Bezeigung seiner gegen den König von Großbritannien tragenden Ergebenheit und Betätigung der

ihm angeborenen Teilnehmung an der Ruhe und dem Wohlstand der königlich großbritannischen Staaten".
100 Jahre später, am 15. Juni 1888 hat unser Kaiser bei Eröffnung des ersten deutschen Reichstags unter seiner Regierung die Worte gesprochen: „Meine Liebe zum deutschen Heer und meine Stellung zu demselben werden mich niemals in Versuchung führen, dem Lande die Wohltaten des Friedens zu verkümmern, wenn der Krieg nicht eine durch den Angriff auf das Reich oder dessen Verbündete uns aufgedrungene Notwendigkeit ist. Unser Heer soll uns den Frieden sichern, und wenn er uns dennoch gebrochen wird, imstande sein, ihn mit Ehren zu erkämpfen." Ehe aber ein deutscher Kaiser wieder von einem deutschen Heer zu einem deutschen Reichstag sprechen konnte, hatte unsere Nation noch ein Jahrhundert tiefer Demütigung und schwerer Kämpfe durchzumachen.

Prima.

Eine Probe, in welcher Art Geschichte Schülern dieser Stufe vorgetragen, erzählt werden kann, glaube ich nicht geben zu sollen, da ich ein größeres Werk, „Weltgeschichte in vier Bänden" geschrieben habe, das in langen Jahrzehnten eben aus diesem Unterricht, Erzählung, Vortrag in Unter- und Oberprima erwachsen, und dann, in weiteren Jahren, für den Druck und damit für ein weiteres, dem Bildungsstand unserer Primaner nahestehendes Publikum bearbeitet worden ist: kein Zweifel, daß man das auch noch besser, viel besser machen kann: nur ich kann das nicht, und bemerke nur, daß ich sehr wohl weiß, wie zwischen dem schriftlichen und dem mündlichen Vortrag ein sehr großer Unterschied ist. Ich weiß, daß manche Fachgenossen jenes Buch ihrer Vorbereitung für die Erzählung zu Grunde legen, und ich habe so viel Vertrauen zu meiner Arbeit, die mich durch mein Leben begleitet hat, daß ich glaube, daß das mit Nutzen geschehen kann: das Detail ist aber, und namentlich bei der die beiden Bände Neuerer Geschichte 1517—1900 füllenden Darstellung zu reichlich, als daß es in den beiden Primajahren bewältigt werden könnte. Dagegen wird die Ordnung des Stoffs, die Disposition also, jüngeren Kollegen nützlich sein und ihnen einige Arbeit, deren sie ohnehin genug haben, ersparen können: diese Disposition und zwar eine ziemlich ins einzelne gehende ist deshalb in der nachahmungswerten englischen Manier dort in kleiner Schrift an den Rand gedruckt.

Hier möchte ich, diesen Fachgenossen zum Frommen, nur eine Reihe von Fragen und Repetitionsmotiven aller Art, ohne System, zu gelegentlicher Benützung vorlegen, die ins Endlose vermehrungs- und verbesserungsfähig sind. Ich beschränke mich auf Mittelalter und Neuere Zeit, das eigentliche Pensum der zwei letzten Jahre: und bemerke nur, daß Eine Form der Repetition auch die sein kann, etwa 10, 12 Fragen zu sammenzustellen, wie man sie etwa für eine der früher gebräuchlichen (seltenen) Probearbeiten zusammengestellt hat, doch so, daß man sie mündlich, von verschiedenen nacheinander aufgerufenen Schülern *ex tempore,* nicht schriftlich, beantworten läßt. Für meinen Teil bin ich immer, wo ich einer Lektion oder einer Klassen- oder Abiturientenprüfung beigewohnt habe, jedem Kollegen für jede gute Frage dankbar gewesen, und einige brauchbare werden sich ja wohl auch in der folgenden Sammlung finden.

1. Welche Völker sind vom 5. bis zum 11. Jahrhundert, vorübergehend oder zu fester Ansiedlung, auf dem Boden Italiens erschienen?
2. Welche politische Gestalt zeigt Gallien ums Jahr 486?
3. Politische Beziehungen zwischen Franken und Ostgoten im Zeitalter Chlodwigs und Theodorichs?
4. Was ist das Charakteristische der arianischen und der athanasianischen Auffassung des Christentums? und warum ist die erstere bei den germanischen Stämmen die volkstümlichere gewesen?
5. Stationen der Ausbreitung des Islam nach dem Westen 641, 699, 711, 732.
6. *Allodium, beneficium,* Unterschied und Bedeutung dieser Begriffe?
7. Inwiefern hat der Arianismus mittelbar dazu beigetragen, die Macht des Bischofs von Rom zu steigern?
8. Welche auswärtigen Feinde hatte Karl der Große zu bekämpfen? welches waren ums Jahr 800 die Grenzen seines Reichs?
9. Welche Bedeutung hatte das Ereignis vom Jahr 800 und welche Stellung und Politik hatte Karl der Große gegenüber der Kirche?
10. Man verbinde die Zahlen 496, 752, 800, (951), 962, bestimme die Ereignisse und erläutere ihre Bedeutung.
11. Welche kulturfeindlichen Völker haben das europäische Leben, anders ausgedrückt das *imperium Romanum* zwischen dem Anfang des 8. bis über die Mitte des 10. Jahrhunderts bedroht?
12. Nenne die deutschen Königsgeschlechter von 911—1273; die einzelnen Regenten.
13. Was versteht man unter Simonie?
14. Welche Gegenkönige hatte Heinrich IV. zu bekämpfen?
15. 1046, 1077, 1177, 1245? oder Sutri, Canossa, Venedig, Lyon — Jahreszahlen? Bedeutung?
16. Die orientalische Frage im 8., 10., 11., 13. Jahrhundert? 732, 955, 1096, 1241, 1291.
17. Welche Umstände haben das Gedeihen des Königreichs Jerusalem und der übrigen Kolonialstaaten gehindert?
18. Welches war die Stellung der verschiedenen deutschen Könige, von Heinrich IV. bis Rudolf von Habsburg, zur Idee der Kreuzzüge?
19. 1066: welche verschiedenen Elemente oder Schichten zeigt die Bevölkerung Großbritanniens?
20. Welche Mönchsorden treten nacheinander in der mittelalterlichen Welt auf? und was ist ihnen gemeinsam, was für die einzelnen charakteristisch?
21. Die imperatorischen Häuser von 1273—1439: die einzelnen Könige mit ihren Jahreszahlen.
22. Welches ist der wesentliche Inhalt der goldenen Bulle?

23. Aufzählung der wichtigsten Konföderationen im Deutschland des 13. und 14. Jahrhunderts.
24. Was versteht man unter dem Ausdruck: babylonische Gefangenschaft der Kirche?
25. Welche Bulle welches Papstes im Kampf gegen welchen König spricht die Herrschaftsansprüche des Papsttums am unumwundensten aus? — Angabe der Grundgedanken.
26. Grundzüge der Opposition John Wycliffes.
27. Die Reformkonzilien des 15. Jahrhunderts: aus welchen Gründen ist Huß von einer reformatorisch gesinnten Mehrheit verurteilt worden?
28. Christentum und Islam 711 und 1453? oder Gewinn und Verlust der beiden „Weltreligionen" am Ausgang des Mittelalters?
29. Abriß einer Geschichte Siziliens im Mittelalter.
30. Die Hauptstationen der großen Entdeckungen des 15. (und 16.) Jahrhunderts entwickelt an den Zahlen 1486, 1492, 1498, 1513, 1521?
31. Mit welchem Jahr und Ereignis beginnt man am füglichsten die Darstellung der Neueren Geschichte? 1453? 1492? 1517?
32. Umgrenze die Hauptperioden der Neueren Geschichte.
33. Welche Fürsten kamen für die Wahl des Römischen Kaisers im Jahre 1519 in Frage? welche Gründe bestimmten die Wahl der Kurfürsten?
34. Welches war der Stand der religiösen Bewegung im Jahr 1521, 1530, 1547, 1555?
35. Was versteht man unter „geistlichem Vorbehalt"?
36. Welche Territorien befanden sich ums Jahr 1525 im Besitz von Gliedern des Hauses Hohenzollern? und wie stellten sich diese zur Reformation?
37. Wie waren die Machtverhältnisse beider Religionsparteien in Europa nach dem Augsburger Religionsfrieden?
38. Philipp II. von Spanien und Elisabeth von England — welches waren ihre Beziehungen? welches ihre weltgeschichtliche Bedeutung?
39. Bedeutung des 9. Jahrzehnts des 16. Jahrhunderts für den Kampf der Religionsparteien: nenne die bedeutendsten Persönlichkeiten dieses entscheidenden Jahrzehnts.
40. Inwiefern ist das Jahr 1588 in eminentem Sinne ein weltgeschichtliches zu nennen?
41. Nenne zwei für Deutschlands Schicksal wichtige Erbfolgefragen, eine des 17. und eine des 19. Jahrhunderts.
42. Wie ist der Übertritt Heinrich IV. von Frankreich zur katholischen Kirche zu beurteilen?
43. Römische Kaiser von 1558—1648? brandenburgische Kurfürsten desselben Zeitraums?
44. Gib eine kurze, übersichtliche Disposition des 30jährigen Krieges: beteiligte Mächte? wichtigste Schlachten? Kriegsschauplätze?
45. Welches waren die wichtigsten Festsetzungen des westfälischen Friedens hinsichtlich der Territorialverhältnisse Europas? welches seine Folgen für die Verfassungszustände Deutschlands?

46. Ein Konfessionswechsel im Jahr 1613: welche Bedeutung kommt ihm in der Geschichte der Toleranz zu? welche Bestimmungen trifft der westfälische Friede in dieser Richtung? und warum hat der Papst diesen nicht anerkannt?

47. Mit welchem Recht bezeichnet man diesen Friedensschluß als das Ende des Zeitalters der religiösen Wirren?

48. Wie ist es gekommen, daß Großbritannien bei dem 30jährigen Krieg auf dem Festland keine tätige Rolle spielte?

49. Was versteht man unter Puritanern? welche Bedeutung haben sie für die Geschichte Englands gehabt?

50. Aufzählung der wichtigsten Friedensschlüsse der 2. Hälfte des 17. Jahrhunderts.

51. Verlust und Gewinn der deutschen Nation in der 2. Hälfte des 17. Jahrhunderts? Bedeutung der Jahre 1657, 1675, 1681, 1683, 1697, 1699?

52. Wiefern läßt sich das Jahr 1685 als ein für den Protestantismus besonders unglückliches, das Jahr 1688 als besonders glückliches bezeichnen?

53. Zwei wichtige Thronbesteigungen im Jahre 1689?

54. Wiefern ist das Jahr 1697 für das sächsische Haus verhängnisvoll, für das hohenzollernsche bedeutungsvoll gewesen?

55. Rechts- und Machtverhältnisse beim Tode Karls II. von Spanien? Kriegsschauplätze bis 1711? warum, wiefern ändert sich in diesem Jahr die Lage?

56. Welche Stellung nimmt Preußen beim spanischen Erbfolgekrieg? welchen Anteil hat es am Kampfe? welchen Gewinn beim Friedensschlusse?

57. Territorialverhältnisse in Europa nach dem Utrechter Frieden? Änderungen bis 1735?

58. Schauplätze des nordischen Kriegs? Beteiligte Mächte? Folgen für die Machtstellung Schwedens und Rußlands?

59. Welche Bedeutung hat das preußische Heer unter Friedrich Wilhelm I.? politisch? wirtschaftlich?

60. Was bedeutet das Wort Pragmatische Sanktion?

61. Nenne die leitenden Staatsmänner Frankreichs, welche zugleich kirchliche Würdenträger gewesen sind, von 1610—1743 (Fleurys Tod).

62. Waren Friedrichs II. Rechtsansprüche auf Schlesien begründet?

63. Die Hauptschauplätze des 7jährigen Kriegs und die wichtigsten Schlachten in chronologischer Folge?

64. Die drei Friedensschlüsse mit Österreich und die Bedeutung der Eroberung Schlesiens?

65. Man nennt die Zeit von 1648—1789 die Periode des fürstlichen Absolutismus: welche beide oft angeführte Aussprüche charakterisieren den Absolutismus Ludwigs XIV. und den Friedrichs des Großen und damit den in diesem Zeitraum gemachten Fortschritt?

66. Welchen Zweck hat Friedrich der Große bei Begründung des Deutschen Fürstenbundes im Auge gehabt? Vergleiche den schmalkal-

dischen Bund im 16., die Union im 17. und den deutschen Zollverein im 19. Jahrhundert.

67. Den Kämpfen auf dem Festland geht das Ringen Englands und Frankreichs um die Seeherrschaft zur Seite: welches war der Erfolg auf der vorderindischen Halbinsel und welches in Nordamerika?

68. Bedeutung des Jesuitenordens 1543 und 1773.

69. Vergleiche die Reformtätigkeit Friedrichs II. und Josephs II. — Es sind einige Gründe aufzusuchen, weshalb die Reformtätigkeit Friedrichs Erprießlicheres und Dauernderes geschaffen hat, als die Josephs?

70. Welche der drei Mächte Rußland, Österreich, Preußen hat bei der ersten Teilung Polens das beste Geschäft gemacht?

71. Die französischen Verfassungen, beziehungsweise gesetzgebenden Versammlungen von 1791—1804.

72. Wie ist der Baseler Friede von 1795 gemeinhin beurteilt worden und wie ist er zu beurteilen?

73. Im Herbst 1799 ist zu Paris eine Broschüre erschienen: Cromwell ou Monk? an wessen Adresse ist sie gerichtet gewesen und was muß ihr wesentlicher Inhalt gewesen sein?

74. Die wichtigsten Friedensschlüsse von 1795—1815.

75. Welche Wendung bezeichnet der 8. Thermidor? der 18. Brumaire?

76. Welches war der Umfang des Napoleonischen Empire im Frühling 1812?

77. Läßt sich ein fundamentaler und prinzipieller Unterschied feststellen zwischen dem „System" Napoleons I. und der preußischen Gesetzgebung von 1808?

78. Pultawa und Moskau.

79. Die Schlachten von 1813 in chronologischer Folge.

80. Die europäischen Territorialverhältnisse nach dem zweiten Pariser Frieden und Wiener Kongreß.

81. Die Veränderungen auf der Karte von Europa bis zum Jahr 1848, 1866, 1871, 1878.

82. Die Regenten der wichtigsten Staaten Europas von 1814—1888.

83. Wiefern hat der deutsche Zollverein der Neuaufrichtung eines Deutschen Reichs vorgearbeitet?

84. Vergleiche die Zahlen und bestimme die Ereignisse 1529, 1683, 1697, 1699, 1711, 1774, 1829, 1856, 1878.

85. Preußen und Sardinien, Deutschland und Italien.

86. Inwiefern kann man sagen, daß Wilhelm I. vollendet habe, was der Große Kurfürst begonnen hat?